TI LASCIO PERCHE' MI AMO

COME AFFRONTARE UNA SEPARAZIONE E UN DIVORZIO
PER LIBERARSI DA UNA RELAZIONE TOSSICA

ARMANDO CORSINI

ISBN: 9798280320031
I EDIZIONE: Maggio 2025

Visita il nostro sito: www.armandocorsini.it

Per consulenze private, mandati difensivi e percorsi individuali invia un messaggio
al numero whatsapp di segreteria 338.345.88.95 o
all'indirizzo: info@armandocorsini.it

Segui il nostro canale "Studio Corsini Separazioni"
su Facebook, Tiktok, Instagram, Youtube
Iscriviti al gruppo facebook
"Separazioni e divorzi da relazioni tossiche"

A Cinzia,

per sempre

Indice

Prefazione

PARTE I - RICONOSCERE LA RELAZIONE TOSSICA

PARTE II - LA SCELTA DI AMARSI

Prefazione

Una lettera per te

Caro amico, cara amica, la sofferenza che stai vivendo non è una sofferenza giusta. Non è nemmeno una sofferenza comune.

Soffrire nel modo in cui stai soffrendo tu non è umanamente possibile. Una cosa è stare male in una coppia, litigare, affrontare momenti difficili. Un'altra, completamente diversa, è vivere all'interno di una relazione tossica.

Purtroppo, nessuno te l'ha insegnato. Anzi, ti hanno insegnato il contrario: a sopportare, a resistere per i figli, a non fare scandalo, a non mollare, perché "tanto succede in tutte le famiglie".

Mi dispiace dirtelo. Non è così.

La sofferenza che nasce da una relazione tossica non è normale, non è accettabile e soprattutto non è qualcosa che passerà da sola. Se la relazione è davvero tossica, quella sofferenza aumenterà. Ogni giorno un po' di più. L'unico modo per liberarsene è decidere di farlo. Per riuscirci, dobbiamo prima cambiare i nostri pensieri: quelli sull'amore, sulla sofferenza, sul dolore, sulla famiglia, sui figli, sul matrimonio, perfino sulla casa in cui viviamo.

Spesso siamo prigionieri non solo della relazione, ma anche di una cultura che ci vuole sofferenti, silenziosi e apparentemente felici.

Se sei qui a leggere queste righe, probabilmente sai che tutto questo è vero. Sono qui per dirtelo con chiarezza: meriti molto di più.

Questo libro non risolverà il problema al posto tuo. Vuole però essere una luce nel tunnel, un percorso, una guida. Ci sono passato anche io e, da 19 anni, accompagno persone come te a uscire da situazioni che sembravano impossibili.

È un tuo diritto essere felice. È un tuo diritto ritornare a vivere. Vivere in una relazione tossica non è vivere: è sopravvivere.

Leggi, rileggi, approfondisci. Usa anche i miei video e i contenuti sui canali social. Inizia il tuo percorso.

Un cammino che sarà fatto di lavoro su te stesso, sulla tua storia, sulla tua famiglia, sulle tue emozioni e naturalmente sul piano giuridico. Un passo alla volta. Verso una vita degna di essere vissuta.

Io ti aspetto.

Con tutto il mio impegno,

Armando Corsini

PARTE I – RICONOSCERE LA RELAZIONE TOSSICA

La mia storia nella tossicità

Venti anni fa non sapevo cosa fosse il narcisismo. Ho scoperto questo fenomeno perché mi sono reso conto di essere vittima di una narcisista. La mia storia è segnata dal dolore ma anche da una profonda rinascita. Se oggi sono qui a parlare e scrivere su questo tema è principalmente grazie alla sofferenza che ho vissuto nel corso degli anni.

Voglio chiarire che la persona di cui parlo è ancora in vita e il mio intento non è quello di accusarla pubblicamente. Racconterò la mia esperienza senza offenderla poiché il suo comportamento manipolatorio e privo di empatia e affetto è frutto di una deviazione della sua personalità. Oggi non provo astio, rabbia o rancore verso di lei.

La mia conoscenza del narcisismo è iniziata circa venti anni fa. Parlando con una mia amica terapeuta delle dinamiche della mia relazione con questa persona mi sentii dire per la prima volta: "Armando, sei vittima di una narcisista". Quelle parole mi fecero sobbalzare. Fino ad allora associavo il narcisismo al mito greco di Narciso, innamorato della propria immagine riflessa. Il narcisismo è ben altro: è un comportamento manipolativo e psicologicamente violento anche se non sempre visibilmente aggressivo.

Dopo quella rivelazione iniziai a studiare intensamente il narcisismo. Scoprii che non ero io ad avere una percezione distorta della relazione ma che effettivamente mi trovavo di fronte a una persona narcisista. Questo mi aiutò enormemente perché in una relazione tossica con un narcisista spesso ci si sente sbagliati. Io stesso mi sentivo profondamente inadeguato, incapace di tollerare le manipolazioni continue e pervasive di quella persona.

Il narcisista infatti tende a legarsi a individui sensibili, con bassa autostima e una certa dipendenza affettiva – caratteristiche che ritrovo nel me stesso di venti anni fa. Avevo vissuto un'infanzia triste e conflittuale e la mia incapacità di mettere confini e i forti sensi di colpa mi rendevano vulnerabile alla manipolazione.

Quando decisi di non essere più "cibo" per quella persona le dinamiche cambiarono drasticamente. Non dall'oggi al domani, intendiamoci. Iniziai un percorso interiore investendo migliaia di euro che mi aiutò immensamente. Lavorai sulla mia autostima, imparai a difendere la mia posizione e tagliai i ponti con le persone che fungevano da inconsapevoli portavoce del narcisista. In tutti questi anni ho acquisito una esperienza incredibile perché era una esperienza personale prima ancora che di studio e professionale.

Oggi la mia è diventata una missione di vita far conoscere questo dramma domestico dal quale si fa fatica a uscirne. In certi casi soprattutto quando ci sono figli o legami familiari è difficile tagliare definitivamente. In questi casi la soluzione migliore è mantenere un rapporto formale e civile evitando sia la completa assuefazione alla manipolazione sia lo strappo totale.

Parlando e scrivendo di narcisismo e di relazioni tossiche quotidianamente consiglio centinaia di persone in tutta Italia.

Il mio percorso verso la libertà è stato un percorso sofferto ma indispensabile e condivido la mia esperienza affinché possa essere di aiuto a chi si trova in situazioni simili.

Eccoci qui, iniziamo.

Obiettivi del libro

Sono un avvocato divorzista specializzato anche in divorzi da narcisisti e questo libro si propone come una bussola per chi vive una relazione tossica, sia essa matrimoniale, genitoriale o di convivenza e desidera liberarsi da una dinamica che non riesce più a sostenere. Solo attraverso la legge potrebbe non essere sufficiente liberarsi da questi soggetti e nemmeno solo con l'aiuto psicologico si può ottenere una completa liberazione.

Il mio approccio è duplice: giuridico e introspettivo, basato su 19 anni di esperienza in separazioni e divorzi anche fortemente conflittuali e sulla mia personale conoscenza delle relazioni familiari, di coppia e tossiche.

L'obiettivo del libro è quello di aiutarti e guidarti passo passo in questo percorso.

È importante sottolineare che il libro non sostituisce né può mai sostituire una terapia, un supporto psicologico, psichiatrico o farmacologico qualora necessario. Ti invito sempre a farti affiancare da esperti come terapeuti, psichiatri, coach, counselor o qualsiasi altra figura che possa offrirti sostegno. Inoltre è essenziale seguire un avvocato specializzato in diritto di famiglia con una forte inclinazione alla comprensione delle relazioni tossiche. Molti giuristi sono eccellenti nel loro lavoro ma possono mancare di esperienza personale o conoscenza empatica necessaria per affrontare il fenomeno del narcisismo.

Ti consiglio di farti seguire da un avvocato divorzista esperto di narcisismo perché spesso non si comprende appieno il fenomeno e si rischia di ricevere consigli sbagliati. Questo libro ha lo scopo di orientarti, farti capire che non sei solo e offrirti consigli pratici.

Questo percorso è pieno di ostacoli e richiede intelligenza e strategia.

Se sei interessato a questo argomento ti invito a seguire i miei canali su tutti i social network dove quotidianamente diffondo consapevolezza su questo tema che mi sta profondamente a cuore. Non solo perché è il mio lavoro di avvocato ma perché rappresenta una mia grande missione. Come diceva qualcuno di grande "la pietra scartata dai costruttori è diventata testata d'angolo".

Quella pietra scartata sono stato per lungo tempo io per via della tossicità che vivevo.

Questo libro non è una denuncia contro i narcisisti né un lamento asettico ma una fonte di consapevolezza, conoscenza, informazione e aiuto.

Un giorno potresti ringraziare il narcisista per averti dato l'opportunità di scoprire la migliore, più forte, consapevole e bella versione di te stesso, come è successo a me.

Le relazioni nascono tossiche

Una relazione tossica non nasce per caso e soprattutto non si trasforma all'improvviso. Questa è una verità scomoda, difficile da accettare eppure fondamentale: una relazione tossica nasce tossica. Non si diventa tossici con il tempo, non si "rovina" un amore sano con un litigio di troppo o con qualche delusione. La tossicità è già presente in nuce, spesso nascosta dietro il velo dell'attrazione, del bisogno, dell'illusione.

La maggior parte delle persone non se ne accorge subito. Anzi è raro che succeda. Si attivano delle dinamiche in modo inconsapevole, quasi automatico, come se fosse un copione scritto da qualcun altro molto tempo prima. Spesso veniamo attratti da chi ci suscita forti emozioni: il batticuore, la passione, l'idea di aver finalmente trovato "qualcosa di speciale". Ciò che confondiamo con l'amore può essere solo una proiezione dei nostri vuoti, delle nostre ferite o delle nostre speranze.

Qui nasce il fraintendimento più comune e pericoloso: credere che ci sia amore quando in realtà c'è bisogno, dipendenza, paura di restare soli. C'è attrazione mentale, fisica, emotiva, sì ma non sempre è amore. Il problema non è l'attrazione in sé ma la cecità che spesso essa porta con sé. È come se un alone di nebbia si posasse sulla nostra capacità di discernere: vediamo ciò che vogliamo vedere e non ciò che c'è davvero.

Le persone che ho seguito nel mio lavoro di avvocato divorzista e nei miei percorsi individuali (che puoi trovare sul sito **www.armandocorsini.it**) raramente mi dicono che "la relazione è diventata tossica da un certo momento in poi". No. Mi dicono: "Ad un certo punto mi sono accorto che era tossica e non la sopporto più". Il problema non è nella trasformazione della relazione ma nella nostra presa di coscienza.

Una relazione tossica ti fa male, punto. Ti svuota, ti toglie lucidità, ti destabilizza, ti confonde, ti toglie valore. Ti ammala lentamente come un veleno a rilascio lento. Il paradosso è che il soggetto tossico molto spesso non sa neppure di esserlo. Per lui – o per lei – quel modo di manipolare, abusare, controllare, denigrare è semplicemente "normale". È il suo linguaggio affettivo distorto.

Attenzione: non esiste una persona tossica che a un certo punto si fermi e dica "Scusami, sono tossico. Vai via, liberati di me" Questo non succede. È sempre la vittima che un giorno, dopo un numero sufficiente di ferite interiori, decide di vedere. È la consapevolezza che salva, non l'attesa che l'altro cambi.

Questo è il motivo per cui sto scrivendo questo libro. Non per dare colpe ma per accendere la luce. Per aiutarti a vedere. Perché tu possa smettere di aspettare l'impossibile e iniziare a rimettere al centro della tua vita te stesso.

Tu non sei nato per vivere nella tossicità. Tu sei nato per amare, per esprimere te stesso, per essere libero.

Una relazione sana non ti limita, ti potenzia. Non ti svuota, ti nutre. Non ti manipola, ti sostiene.

È tempo di tornare al centro. Di amare la tua individualità. Di scegliere consapevolmente anche se costa. Anche se fa paura. Anche se è difficile. Una cosa è certa: la verità ti renderà libero. Solo chi è libero può davvero amare e ricevere e sentire amore.

Come riconoscere una relazione tossica

Cosa si intende davvero per relazione tossica? È importante chiarirlo perché troppo spesso questa parola viene usata a sproposito o peggio ancora viene minimizzata, come se si trattasse solo di litigi frequenti o di una semplice incompatibilità.

Una relazione tossica è una relazione in cui uno dei due partner – in modo consapevole o inconsapevole – esercita un controllo sull'altro. Non si tratta solo di urlare o comandare ma di manipolare: far fare all'altro ciò che non vorrebbe fare o impedirgli di fare ciò che desidera. È una forma sottile e continua di abuso che scava dentro, mina l'autostima, erode l'autonomia e soffoca l'amor proprio.

In una relazione tossica chi subisce comincia lentamente a perdere la connessione con se stesso.

Si spegne ogni giorno la voglia di vivere.

Viene isolato dalle amicizie, dalla rete familiare, dalle proprie passioni, dalla propria voce interiore.

L'altro – il partner tossico – diventa il centro

esclusivo della relazione. Le sue idee contano più delle tue, i suoi desideri sono legge. La sua volontà diventa la regola. Il rispetto sparisce. Sparisce il dialogo e con esso sparisci anche tu.

La relazione tossica si riconosce da molteplici segnali. Il partner ti critica continuamente, ti svaluta, ti paragona ad altri o ad altre, ti mette in competizione con terze persone: è la cosiddetta triangolazione, una delle strategie più distruttive. Non ha alcuna intenzione di sostenerti né di aiutarti a crescere. Il suo obiettivo è spesso impedirti di evolvere, di fiorire, di sentirti bene con te stesso. Perché? Perché una persona che sta bene non è più manipolabile.

In una relazione tossica i tuoi pensieri, le tue emozioni, i tuoi desideri non contano. Non vengono sentiti né accolti. Il tuo valore si misura in base a quanto puoi dare, quanto puoi servire, quanto puoi sacrificare. Se provi a dire qualcosa che non piace all'altro anche solo una parola si scatena una guerra.

Ti senti costretto a pesare ogni frase, ogni silenzio, ogni movimento.

Un altro segnale cruciale riguarda il denaro. Una relazione è tossica quando manca l'indipendenza economica e uno dei due utilizza il denaro come strumento di potere. Quando i soldi diventano più importanti del benessere emotivo dell'altro. Quando si usa il denaro per controllare, per ricattare, per ottenere affetto o sottomissione. In quel momento la relazione ha già superato la soglia dell'abuso.

C'è poi la gelosia morbosa, quella che non ha nulla a che fare con l'amore. È il bisogno patologico di possesso che impedisce ogni forma di libertà. È l'occhio costantemente puntato su di te, pronto ad accusarti, a dubitare, a ferirti.

La relazione è tossica anche quando l'altro non mette al centro la famiglia che avete creato insieme ma continua a dare priorità alla propria famiglia d'origine. È tossica ogni volta che si rompe l'equilibrio tra la nuova unità affettiva e le ingerenze esterne, ogni volta che si permette alla propria madre, al proprio padre, ai fratelli di decidere al posto del partner. Questo è un tradimento silenzioso ma profondo.

La tossicità non riguarda solo le coppie. Anche la famiglia d'origine può essere tossica. Quando si vive in un clima di povertà emotiva in cui ci si ignora, ci si ferisce, ci si svaluta. Quando i conflitti non servono a crescere ma a dominare. Quando l'obiettivo non è il benessere collettivo ma l'ostacolo alla felicità altrui. Una famiglia è tossica quando il successo di uno è vissuto come una minaccia dagli altri. Quando l'amore non circola ma viene usato come premio o punizione.

Chi cresce in una famiglia tossica spesso sviluppa una tolleranza al dolore relazionale.

Così anche da adulto può confondere la tossicità con la normalità o peggio ancora con l'amore.

È doloroso ma accade spesso.

L'amore non ti usa, non ti spegne, non ti controlla.

L'amore ti guarda, ti accoglie, ti sostiene. Sempre.

Il prossimo capitolo vuole aiutarti a riconoscere i segnali. La consapevolezza è il primo passo per liberarsi. Per smettere di sopravvivere e iniziare finalmente a vivere.

I segnali invisibili (ma inequivocabili)

Ci sono segnali ben precisi che indicano che stai vivendo una relazione tossica. Riconoscerli è un atto di coraggio e lucidità e rappresenta il primo passo verso la libertà. Non si tratta solo di tutelare il proprio benessere mentale, emotivo e fisico ma anche – e soprattutto – di intraprendere un doppio percorso: quello della liberazione giuridica per affrancarsi legalmente da una relazione che fa male e quello più profondo della liberazione interiore attraverso la neutralizzazione dei comportamenti manipolativi e distruttivi. Prima di poterli disinnescare è, però, fondamentale imparare a vederli.

1. La manipolazione costante

Uno degli aspetti più gravi e diffusi in una relazione tossica è la manipolazione. È un meccanismo sottile ma devastante attraverso cui il partner ti fa sentire in colpa anche quando non hai fatto nulla di sbagliato. Oppure ti fa sentire eccessivamente colpevole per qualcosa che avresti potuto fare diversamente anche se non ne eri consapevole.

La colpa è lo strumento preferito dai manipolatori perché spegne la tua voce interiore, ti mette in una posizione di difesa e ti rende malleabile.

Insieme alla colpa c'è il dubbio.

Il partner tossico ti fa dubitare della tua percezione della realtà. Le frasi tipiche sono: "Ti sei inventato tutto" "Sei troppo sensibile" "Sei matto" "Esageri sempre".

Questa forma di distorsione della realtà è conosciuta in psicologia come gaslighting. Non è solo una tecnica di manipolazione è un vero e proprio strumento di dominio. Serve a farti sentire confuso, sbagliato, dipendente dalla versione della realtà dell'altro.

Attenzione: non ti parlo di tutto questo per incuterti paura.

Te ne parlo per aiutarti a vedere.

Questi comportamenti non sempre sono plateali.

In alcuni casi sono eccessivamente evidenti in altri si nascondono dietro una maschera di dolcezza, attenzione, premura. Restano comportamenti allarmanti e vanno riconosciuti.

Un'altra forma subdola di manipolazione è la confusione continua tra parole dolci e comportamenti dolorosi. Il partner tossico può alternare momenti di cattiveria e freddezza con momenti di mielosità e apparente amore. È questo il meccanismo che tiene la vittima legata: la speranza che ritorni il "lato buono" Quel lato è solo parte del gioco manipolativo.

2. La svalutazione e le critiche costanti

Un altro segnale che spesso passa inosservato – almeno inizialmente – è la svalutazione. Il partner ti critica spesso anche su aspetti profondi e intimi della tua persona. Usa contro di te le confidenze che gli hai fatto. Sminuisce i tuoi successi o li attribuisce al caso. Soprattutto ti paragona ad altri generando in te un senso di inadeguatezza.

Ti senti come se non fossi mai abbastanza. Anche i complimenti che fa agli altri sembrano studiati per farti sentire in difetto. Un esempio? Fa apprezzamenti eccessivi su una terza persona in tua presenza con l'intento implicito di farti sentire inferiore. Questo non è amore: è umiliazione mascherata.

3. Il controllo eccessivo

Invisibile all'inizio diventa opprimente nel tempo. Il partner tossico vuole sapere sempre dove sei, con chi sei, cosa fai, cosa farai. Controlla i tuoi social, guarda le tue storie, osserva i tuoi accessi ai messaggi. Ti chiede aggiornamenti continui.

Non si ferma qui: decide per te. Ti impone scelte su come vestirti, chi frequentare, come usare il tuo tempo libero. Ti fa sentire in colpa se desideri uno spazio solo per te, se hai bisogno di respirare. L'obiettivo non è sapere: è possedere.

Tra i segnali più pericolosi – e spesso sottovalutati – di una relazione tossica c'è l'isolamento. È un campanello d'allarme che suona piano ma costante.

All'inizio può sembrare una richiesta affettuosa: "Passa più tempo con me", "Non hai bisogno di nessun altro", "Solo io ti capisco davvero". Col tempo diventa una trappola. Il partner tossico comincia a separarti dal tuo mondo passo dopo passo, relazione dopo relazione.

Ti allontana dalla tua famiglia, dagli amici, dalle persone che ti vogliono bene.

A volte lo fa in modo diretto con litigi, accuse o gelosie immotivate.

Altre volte lo fa in modo più sottile insinuando dubbi: "Tua madre non ti ha mai capita perché continui a sentirla", "I tuoi amici ti usano", "Quella persona non ti fa bene lo vedo da fuori", "Con me stai meglio perché cerchi altrove?".

Inizia così un lento ma incessante svuotamento della tua rete affettiva.

Ti fa credere che solo lui (o solo lei) possa capirti, amarti, proteggerti.

Ogni volta che cerchi un contatto con l'esterno si infastidisce, ti accusa, ti fa sentire in colpa.

C'è una verità che non si può ignorare: l'isolamento rafforza il potere del manipolatore. Più sei solo più sei fragile. Più perdi punti di riferimento più sei malleabile. Chi ti ama davvero non ti chiude: ti apre. Non ti allontana dagli altri: ti aiuta a sentirti bene con tutti.

Molte persone dopo anni si ritrovano a chiedersi come mai certi rapporti siano svaniti nel tempo. Amicizie interrotte, legami familiari raffreddati, contatti che non si sono più coltivati. Spesso non sanno spiegarsi il perché. La verità è che per quieto vivere ci si è isolati. Per evitare discussioni, per non scatenare scenate, per stanchezza si è rinunciato a nutrire relazioni sane, importanti, vitali.

Quando si decide finalmente di uscire dal tunnel ci si guarda intorno… e si è soli. Chi ci voleva aiutare, chi ci tendeva una mano a un certo punto è stato allontanato.

Non per cattiveria ma per sopravvivere dentro una gabbia fatta di controllo e paura.

Riconoscere l'isolamento come un segnale tossico è fondamentale. È un meccanismo invisibile ma potente. Romperlo è uno dei primi atti di liberazione. Per tornare a vivere relazioni libere, nutrienti, vere. Per tornare a te stesso e, finalmente, respirare.

Un altro aspetto fondamentale da riconoscere e spesso sottovalutato è la dipendenza emotiva. In una relazione tossica il partner ti fa sentire che senza di lui – o di lei – non puoi farcela. Non si limita a toglierti l'indipendenza materiale ma agisce molto più in profondità: mina la tua autonomia interiore, quella parte di te che crede in se stessa, nei propri sogni, nella propria capacità di riuscire.

È un lavoro sottile, fatto di frasi all'apparenza innocue ma cariche di veleno: "Senza di me non saresti nessuno", "Se sei arrivata fin lì è solo grazie a me", "Io ti ho dato tutto non dimenticarlo".

Il paradosso più amaro è che molto spesso queste persone non solo non ti hanno aiutato ma ti hanno ostacolato in ogni passo del tuo percorso. Eppure riescono con grande abilità manipolativa a farti dubitare di te stesso. Ti insinuano il sospetto che senza di loro crolleresti. A furia di sentirlo ripetere inizi a crederci davvero.

È così che nasce la dipendenza emotiva: quando la tua autostima è così logorata che inizi a pensare che la tua felicità, la tua realizzazione, la tua sopravvivenza passino da quell'unica persona. Ti senti legato, imprigionato in una rete invisibile fatta di bisogno, paura e senso di inadeguatezza. Da qui il passo verso la dipendenza economica è breve. Molte persone, anche con una buona posizione lavorativa, anche brillanti, capaci, autonome all'apparenza, finiscono per rinunciare alla propria indipendenza economica. Non perché non siano in grado di guadagnare ma perché vengono lentamente ingannate, manipolate fino a credere che "ci penserà lui", "mi ha detto che avrei potuto occuparmi dei figli, della casa".

Il problema è credere a queste parole, perché quando sei fragile emotivamente sei più vulnerabile anche agli inganni pratici.

Questo accade soprattutto alle donne ma non solo.

In molte relazioni tossiche la leva del denaro viene usata come strumento di potere, di controllo.

Chi ha il denaro comanda.

Chi lo riceve obbedisce. La dipendenza economica è spesso figlia di una dipendenza più profonda: quella affettiva, quella emotiva, quella spirituale.

Chi è al centro di una relazione tossica non pensa a come ti senti.

Non si preoccupa del tuo equilibrio, della tua serenità.

Pensa solo a come vuole sentirsi lui o lei: potente, indispensabile, dominante.

I tuoi bisogni emotivi non vengono ascoltati, non vengono presi in considerazione.

Se ti permetti di soffrire la tua sofferenza viene minimizzata: "Stai esagerando", "Non è niente", "Ma dai, ti lamenti sempre".

In questo tipo di relazioni l'empatia è una chimera.

Non c'è spazio per la tua interiorità perché il partner tossico è centrato solo su se stesso, sulle proprie emozioni – spesso negative, cupe, rabbiose – e su bisogni primordiali di controllo e predominio. Non ama: domina. Non accoglie: consuma. Non condivide: conquista.

4. La triangolazione

Un altro comportamento profondamente distruttivo e sintomatico di una relazione tossica è la triangolazione. Si tratta di una forma di manipolazione molto sottile ma potentissima in cui il partner tossico coinvolge terze persone per generare in te gelosia, insicurezza, senso di inadeguatezza e competizione.

Il fine è sempre lo stesso: mantenere il controllo. Per farlo il manipolatore non si fa scrupoli ad utilizzare chiunque: un figlio, una figlia, un genitore, un amico, un collega, una ex o un ex, un conoscente qualsiasi. Ogni figura che può creare turbamento diventa uno strumento utile allo scopo. Inizia così il gioco perverso. All'improvviso, in una conversazione, arriva la frase: "Mia madre ha detto che tu non sei all'altezza...", "Il mio collega mi capisce molto più di te", "La mia ex non avrebbe mai fatto una cosa del genere...".

Non è un caso. Non è nemmeno un commento innocente. È una freccia ben mirata, un colpo inferto per farti sentire in prova, per toglierti valore, per farti barcollare. Nel frattempo ti mantiene in una posizione subordinata, sempre in cerca di approvazione.

La triangolazione è un meccanismo complesso perché non coinvolge solo te e il partner tossico. Coinvolge altri, persone reali, persone che spesso conosci, ami o rispetti. Questo la rende ancora più destabilizzante. Ti senti osservato, giudicato, paragonato costantemente. Come se ci fosse sempre un test da superare, un confronto da vincere, un nemico da battere.

C'è di più: nella triangolazione tossica non viene solo utilizzato il "terzo" per creare competizione. Si attiva un vero e proprio gioco di specchi, un labirinto relazionale dove i confini diventano sfocati, dove ognuno comincia a dubitare dell'altro. Si creano alleanze, sospetti, favoritismi, esclusioni. Chi è al centro di questo gioco – il partner tossico – diventa il fulcro intorno al quale tutti ruotano, desiderosi di essere visti, scelti, apprezzati.

È un "sole nero" questo partner. Attraente, magnetico ma che brucia tutto ciò che gli si avvicina. Le persone coinvolte nella triangolazione iniziano inconsapevolmente a competere per conquistare un posto sotto questa luce malata. Così la relazione non è più una relazione: è una guerra silenziosa, un'arena emotiva in cui l'amore lascia spazio alla strategia, alla paura, al bisogno.

Uscire da questo meccanismo è difficile perché la triangolazione crea dipendenza. Ti spinge a fare di tutto per recuperare un'illusoria centralità che ti viene continuamente negata. La verità è che non esiste alcun premio da conquistare. In una relazione sana non esistono classifiche. Non ci si ama a turno, non si compete per un po' di attenzione, non si è mai "in prova".

Riconoscere la triangolazione è fondamentale per rompere il gioco. Non sei tu il problema. Il problema è un sistema tossico costruito per mantenerti instabile. Il primo atto di guarigione è proprio questo: uscire dalla competizione, uscire dal labirinto. Ritrovare te stesso. Scegliere finalmente di camminare fuori da quel sole nero.

5. Cambiamenti repentini di umore e di condotta

Un altro comportamento profondamente allarmante e troppo spesso sottovalutato nelle relazioni tossiche è rappresentato dai cambiamenti repentini di umore del partner. Questo è uno degli strumenti più subdoli che il manipolatore mette in campo per creare confusione, destabilizzazione e, soprattutto, dipendenza emotiva.

Il partner tossico alterna comportamenti dolci, premurosi, apparentemente affettuosi a momenti di rabbia, freddezza, distacco o addirittura minaccia. Un giorno ti abbraccia, ti riempie di attenzioni, ti fa sentire speciale. Il giorno dopo ti ignora, ti svaluta, si chiude in un silenzio punitivo o esplode senza motivo. Tu resti lì, in bilico, nell'incertezza più assoluta.

La caratteristica inquietante di questa dinamica è che non c'è mai una spiegazione né tantomeno una scusa. La parola "scusa" sembra non esistere nel vocabolario del partner tossico. Non perché non sbagli ma perché riconoscere uno sbaglio – nella sua visione distorta – equivale a mostrare debolezza. È come se chiedere scusa significasse perdere potere.

La realtà è ben diversa. Chiedere scusa è uno degli atti più liberi e liberatori che esistano: significa riconoscere un proprio limite, assumersi la responsabilità della sofferenza che si è causata, dimostrare il desiderio autentico di cambiare. In una relazione sana le scuse sono ponti che curano. In una relazione tossica invece l'assenza di scuse è un muro che intrappola.

I cambi repentini di umore non sono semplicemente sbalzi caratteriali. Sono un meccanismo ben preciso con uno scopo chiaro: generare dipendenza attraverso l'altalena emotiva. Quando non sai mai cosa aspettarti inizi ad adattarti. Cominci a vivere nell'attesa del "momento buono" a sopportare tutto pur di ritrovare quel briciolo di dolcezza che ogni tanto ti viene concesso. È come un premio intermittente che crea legame, illusione, attaccamento.

Qui tutti gli elementi della relazione tossica si intrecciano. Sembrano separati ma in realtà sono profondamente collegati. La manipolazione, la svalutazione, l'isolamento, il controllo e questi cambi d'umore costruiscono un'intercapedine di luci e ombre in cui la vittima è perennemente confusa. Più è confusa più resta.

Se la tossicità fosse sempre evidente, brutale, diretta sarebbe più facile andarsene. La vera tossicità è intermittente. Appare e scompare. Si mostra e poi si nasconde. Ti fa sentire amato e poi abbandonato. È un veleno che si insinua lentamente, senza odore, senza colore ma che ti spegne dentro, giorno dopo giorno.

In questo contesto di inquinamento domestico la vittima sviluppa una costante paura di sbagliare. Vive in un continuo stato di allerta. Si autocensura. Si domanda mille volte se può dire qualcosa, se può esprimere un'opinione, se può manifestare un bisogno. Ha il terrore che un gesto, una parola, un'espressione possano scatenare un conflitto. È come se camminasse sulle uova ogni giorno.

Questa paura alla lunga non è solo emotiva: è fisicamente debilitante. Il corpo si irrigidisce, il sonno si altera, l'ansia si cronicizza, le energie si consumano. Vivere nella tensione costante logora, esaurisce, spegne.

6. La continua svalutazione del partner

C'è un segnale particolarmente significativo nelle relazioni tossiche eppure troppo spesso viene ignorato o sottovalutato: la negazione costante del tuo valore personale. È una dinamica silenziosa ma devastante. Il partner tossico non urla, non colpisce, non insulta in modo diretto – o almeno non sempre. Ti svuota lentamente. Ti fa sentire inferiore, incapace, sbagliato. Ti fa dubitare di te stesso, dei tuoi sogni, dei tuoi talenti, del tuo potenziale.

Non solo non valorizza le tue qualità ma fa di tutto per spegnerle. Perché la tua luce, la tua energia vitale, la tua naturale espansività lo accecano. Il tuo entusiasmo è per lui un'offesa, il tuo successo un'ombra sulla sua insicurezza.

Nella sua mente distorta i tuoi traguardi non sono espressione della tua forza ma segni di egoismo.

Ogni passo che fai verso la tua realizzazione personale viene visto come un attentato alla sua supremazia.

Il partner tossico ti ama solo se stai un gradino sotto di lui – o sotto l'immagine che lui ha di se stesso. Anche quando nella realtà concreta magari tu hai un ruolo professionale migliore, guadagni di più, sei più stimato o più realizzato nella dinamica relazionale questo non può emergere. Nella sua narrazione tu non devi brillare più di lui. Guai a infrangere questo fragile equilibrio di potere. Guai a superarlo o anche solo a raggiungerlo.

Così giorno dopo giorno ti ritrovi in una posizione sottomessa. La cosa più perversa è che cominci a crederci anche tu. Non perché sei debole ma perché sei umano. L'essere umano per sua natura è relazionale.

Se la persona che dice di amarti ti ripete ogni giorno che sei meno, che non sei abbastanza, che non vali... alla fine qualcosa dentro di te comincia a dubitare.

Inizi a chiederti se davvero sei capace, se davvero meriti. Forse ha ragione lui o lei pensi e così il veleno entra.

Voglio essere chiaro: la responsabilità della tua autostima non è del partner tossico. È vero però che chi ha una bassa autostima diventa terreno fertile per questo tipo di relazioni. Il partner tossico non "ti crea" insicuro: ti sceglie proprio perché lo sei. Una volta entrato lavora per far sparire anche quel poco che avevi costruito dentro di te.

Non ti fa semplicemente sentire "meno", ti fa sentire nulla. Non ti limita, ti annienta.

Ecco perché il partner tossico non si avvicina mai a una persona con una sana autostima. Perché lui non dà energia, la prende. Chi ha una buona stima di sé difficilmente accetterebbe di dare senza ricevere, di amare chi non ama, di sostenere chi distrugge.

La verità è che la tua luce fa paura a chi vive nell'ombra. Il partner tossico per non sentirsi piccolo ha bisogno di rimpicciolire te.

Dubitare di se stessi

Uno degli effetti più corrosivi di una relazione tossica è che ti fa dubitare di te stesso. Ti scollega lentamente dalla tua realtà interiore fino a farti mettere in discussione ciò che hai visto, vissuto, sentito. È una forma di manipolazione profonda, subdola, silenziosa ma devastante.

La relazione tossica è spesso caratterizzata da un comportamento sistematico da parte del partner che mina alle fondamenta la tua consapevolezza. Mi spiego meglio: il partner tossico – e in particolare il narcisista, che in questo è un vero maestro – agisce in modo da confondere la tua percezione della realtà. Ti fa credere che siano accadute cose che tu sei certo non siano mai accadute. Al contrario ti convince che non siano mai accadute cose che tu hai visto con i tuoi stessi occhi.

Il problema è che sono estremamente convincenti. Hanno una dialettica brillante, un tono sicuro, una narrazione persuasiva che sembra inattaccabile. Alla lunga anche la persona più lucida, più stabile, inizia ad avere dubbi. A chiedersi: "E se avesse ragione lui", "E se fossi io a ricordare male". È un lento scivolare nella nebbia.

Questa manipolazione è nota con il termine gaslighting. Il termine rimanda ad un'opera teatrale in cui il protagonista manipolava la realtà della moglie fino a farle credere di essere pazza. Questo è ciò che accade nella sostanza a chi vive a lungo accanto a un manipolatore: si perde il contatto con la propria verità.

È importante parlarne in questo libro perché quando arriva il momento di uscire da quella relazione – soprattutto in un contesto di separazione o divorzio – anche il più capace e brillante degli avvocati non potrà mai raccontare in poche righe la complessità di una relazione tossica.

Le parole legali sono fredde, sintetiche, standardizzate. La tua storia ha bisogno di memoria, di dettaglio, di profondità.

È fondamentale ricostruire passo dopo passo ciò che è accaduto. Non solo per motivi giuridici – per anticipare o smascherare gli elementi che il partner tossico userà contro di te – ma soprattutto per una ragione più profonda: per ritrovare te stesso. Per riprendere possesso della tua realtà, delle tue emozioni, dei tuoi ricordi.

A questo proposito voglio darti uno strumento semplice ma potentissimo: il diario.

Inizia a scrivere ogni giorno ciò che accade. Metti nero su bianco i fatti. Anche – e soprattutto – come ti sei sentito.

Scrivi: "Oggi è successo questo", "Mi sono sentito in questo modo", "Ha detto questa cosa e io ho provato questa emozione".

Il diario serve a ricostruire la tua versione dei fatti e a difenderti nella separazione. Serve anche, in modo ancora più importante, a riappropriarti della tua verità interiore. È uno specchio, un rifugio, una mappa. Quando lo rileggerai – anche a distanza di anni – ti accorgerai dei segnali, dei pattern, delle ferite.

Ti consiglio se possibile di farlo in forma cartacea.

Scrivere a mano ha un potere terapeutico immenso: aiuta a liberare i pensieri, a sciogliere la confusione, a buttare fuori tutto quello che la mente tiene compresso. La carta non mente: è lì, chiara, concreta, a testimoniare ciò che hai vissuto. Mentre loro vogliono farti dubitare, tu devi riconnetterti.

Riconnetterti con la realtà. Con la tua verità. Con la tua forza.

La mente è il campo di battaglia preferito dal partner tossico.

Tu lì devi rispondere colpo su colpo. Con lucidità. Con consapevolezza. Con la tua voce.

Tutto inizia... da una pagina bianca.

Perché non riesco a lasciarlo?

Questa domanda, che può sembrare indice di debolezza, è in realtà un atto di grande consapevolezza. È il segnale che qualcosa dentro di te ha iniziato a svegliarsi. Che una parte di te – magari ancora piccola, ancora fragile – sta reclamando libertà.

Sì, perché in ogni persona che vive una relazione tossica esistono due forze contrapposte. Da un lato c'è il desiderio profondo di essere liberi, amati, sereni, svincolati da una relazione che soffoca, avvelena, consuma. Dall'altro c'è qualcosa che trattiene. Qualcosa che blocca, che ostacola, che frena ogni tentativo di fuga. È spesso qualcosa di difficile da nominare. È paura? È insicurezza? Sono condizioni pratiche, economiche, logistiche? È il senso di colpa?

Sì, molte volte è proprio il senso di colpa. Spesso legato ai figli. Ci diciamo che dobbiamo restare "per loro", per garantire loro una famiglia unita, una parvenza di stabilità. Se siamo onesti con noi stessi ci accorgiamo che spesso usiamo i figli anche come alibi, come scudo per non affrontare un dolore ancora più grande: quello del cambiamento, della rottura, dell'incertezza. Non c'è nulla di stabile nel restare prigionieri in una gabbia tossica. Non c'è nulla di sano nell'offrire ai nostri figli l'immagine di una relazione infelice, piena di silenzi, tensioni o sopraffazioni.

I figli non hanno bisogno di una famiglia perfetta ma di genitori liberi, che non si ostacolano, che non si feriscono. Hanno diritto a crescere in un ambiente in cui possano respirare verità, rispetto, autenticità. Questo, in fondo, lo sappiamo già. Lo percepiamo. Non basta saperlo con la mente. Serve sentirlo nel corpo, nel cuore. Serve riconoscere quella forza invisibile che, pur sapendo cosa è giusto fare, continua a tenerci fermi.

Qui nasce il vero nodo. Tra te e la libertà a volte c'è "solo" un pensiero. Una convinzione profonda. Una credenza radicata. Una voce interiore che ti dice: "Non ce la farai", "Non puoi farcela da solo", "Meglio il dolore conosciuto che il vuoto dell'ignoto". Quella voce, però, non sei tu. È una sovrastruttura mentale, costruita nel tempo, spesso ereditata da modelli familiari, da esperienze passate, da una società che spinge più verso il sacrificio che verso la realizzazione personale.

Non esiste una risposta valida per tutti. Ognuno ha il proprio percorso, le proprie ferite, i propri blocchi. C'è una cosa che puoi fare: iniziare a guardarti dentro. Chiederti davvero cosa ti tiene legato. Magari farti aiutare. Da un terapeuta, da una guida, da una persona di fiducia capace di sostenerti mentre ti liberi.

A volte non lasciamo andare una persona tossica per ragioni che, una volta liberati, ci sembreranno incredibili e quasi imbarazzanti. Mentre ci siamo dentro quelle stesse ragioni sembrano muri insormontabili, giustificazioni assolute, verità interiori intoccabili. È importante riconoscerlo con onestà, senza giudicarci. Nell'autosservazione sincera inizia il vero processo di liberazione.

Spesso non lasciamo andare perché non vogliamo dargliela vinta.

Vogliamo dimostrare di essere più forti, più capaci, più resistenti della tempesta che quella persona ha portato nella nostra vita. Vogliamo vincere una battaglia che non ha vincitori. Una lotta che ci esaurisce, a cui restiamo aggrappati per orgoglio, per sfida, per illusione di controllo.

Altre volte la gabbia è fatta di paura del giudizio degli altri. Temiamo di dover rendere conto a qualcuno. Magari avevamo difeso quella persona con tutte le forze, magari avevamo ignorato i segnali, zittito chi ci metteva in guardia.

Adesso ammettere di essersi sbagliati ci fa sentire vulnerabili. Restare in una relazione tossica, per non deludere l'immagine che abbiamo costruito, però, è un prezzo troppo alto da pagare.

Tutti questi pensieri – l'orgoglio, il giudizio, la vergogna – non vanno repressi né ignorati. Vanno ascoltati. Un pensiero giusto può espanderti. Un pensiero distorto può incatenarti per anni in una dinamica che ti spegne. La libertà non nasce dal rifiuto del pensiero ma dalla sua comprensione profonda.

C'è, inoltre, la questione della dipendenza.

Dietro ogni relazione tossica si nasconde una forma di attaccamento patologico. Può essere una dipendenza emotiva, mentale, affettiva o anche sessuale.

A volte è proprio il sesso con il partner tossico a tenerci legati. Magari ci sono stati momenti di grande intensità fisica, un legame corporeo che ha lasciato un'impronta forte dentro di sè. Magari anche il partner è consapevole di questo e lo utilizza per tenerti vicino, per confonderti, per farti tornare.

La dipendenza è variegata ma ha una radice comune: una bassa considerazione di sé. Un'idea, spesso inconscia, che non valiamo abbastanza se non siamo funzionali alla vita di qualcun altro. È come se il nostro valore personale dipendesse dall'essere "per" qualcuno anziché con noi stessi.

Questa dinamica si manifesta con particolare forza in molte donne, cresciute con l'idea che il proprio valore derivi dall'essere moglie di, madre di, compagna di. La verità è un'altra, più profonda e più rivoluzionaria: una donna vale già in quanto donna. Il suo essere, il suo sentire, la sua presenza, la sua vita bastano a se stessi. Non deve dimostrare nulla. Non deve appartenere a nessuno per esistere.

Questo libro vuole spronarti a riflettere sui pensieri, le convinzioni, le credenze che ti tengono prigioniero o prigioniera. Vuole aiutarti a riconoscere che la tua gabbia non è fatta solo di ciò che l'altro ti ha fatto ma anche di ciò in cui tu hai iniziato a credere.

Quando lasci andare quei pensieri che ti limitano allora accade qualcosa di straordinario: cominci a sperimentare ciò che forse non hai mai davvero conosciuto fino in fondo – l'amore, l'armonia, la pace e la libertà.

Tua. Solo tua. Prima di tutto tua.

Parte II PARTE II – LA SCELTA DI AMARSI

La svolta

C'è un momento nel percorso di ogni persona che vive una relazione tossica in cui qualcosa inizia a scricchiolare. Quella che potrebbe diventare una svolta vera e profonda spesso viene bloccata dai propri stessi convincimenti.

Sì, perché uno dei principali ostacoli all'inizio del processo di liberazione non è il partner tossico... sei tu. O meglio, sono le tue idee su come dovrebbe avvenire la liberazione.

Molto spesso sei convinto – o convinta – di sapere già tutto. Hai analizzato, letto, ascoltato, capito. Hai in testa lo schema perfetto. Sai "cosa dovrebbe succedere" per uscirne: che l'altro finalmente riconosca i suoi errori, che chieda scusa, che cambi, che qualcuno – magari un giudice, un terapeuta, un amico – ti dica che hai ragione tu e torto lui (o lei).

Questa convinzione è la stessa che ti impedisce di cominciare davvero a liberarti.

Vuoi che la tua uscita da questa prigione avvenga nel modo più "logico" possibile.

Vorresti che fosse razionale, lineare, meritocratica.

Vorresti vincere.

Vorresti giustizia.

Vorresti un riconoscimento esterno.

Nel mondo delle relazioni, però, questo approccio non funziona.

Il mondo delle relazioni non è logico, è dinamico, è un campo energetico in movimento, un vero e proprio ballo cosmico. In questo ballo aggressore e aggredito si rincorrono in ruoli che non sono fissi ma che si alimentano a vicenda in una danza che ha bisogno di essere compresa, non solo giudicata.

Non basta dire "è colpa sua".

Non basta aspettare che l'altro si fermi.

Non basta pretendere che qualcuno dall'esterno ti dia il via libera per liberarti.

La verità – e so che può essere difficile accettarla – è che nessuno può agire su di te senza il tuo permesso.

Quel partner tossico agisce in quel modo perché tu, consapevolmente o inconsapevolmente, lo permetti. Questo accade a più livelli: fisico, mentale, emotivo e – come vedremo più avanti in questo libro – spirituale.

La liberazione non accade perché l'altro cambia.

La liberazione accade quando tu cambi.

Quando smetti di voler avere ragione.

Quando smetti di aspettare che la realtà si pieghi alla tua logica.

Quando inizi a spostare il tuo focus da ciò che fa l'altro a ciò che permetti tu all'altro di farti.

Se pensi che la libertà arriverà solo quando l'altro si renderà conto del male che ti ha fatto o quando finalmente tutti ti daranno ragione sei ancora nella prima fase: quella della sofferenza, del controllo, dell'attesa.

Lo so perché l'ho vissuto sulla mia pelle: la liberazione non è logica.

È un atto di volontà.

È un salto.

È una resa interiore che rompe le catene invisibili e ti restituisce a te stesso.

La vera svolta inizia quando smetti di combattere per cambiare l'altro e inizi a trasformare il terreno dentro di te su cui quella relazione ha potuto esistere.

Solo allora davvero tutto comincia a cambiare.

Quando la logica non basta

È naturale, perfino fisiologico, affrontare all'inizio una relazione tossica con un approccio logico. Non devi sentirti in colpa né in difetto per questo. La mente cerca sempre di trovare un ordine, una spiegazione razionale a ciò che ci fa soffrire. È una strategia di sopravvivenza.

Cerchiamo risposte, cerchiamo giustificazioni, cerchiamo un modo per "aggiustare" ciò che non va.

C'è una verità che prima o poi si impone: il partner tossico non è logico.

Per sua natura, per definizione, il partner tossico non segue la via dell'amore, del rispetto, della crescita reciproca. Far soffrire la persona con cui si sta non è fisiologico.

È qualcosa di profondamente innaturale che nasce spesso da un disturbo della personalità, da un vuoto interiore, da un bisogno profondo di controllo, di predominio, di nutrirsi dell'altro per colmare se stessi.

La verità è che nella tossicità non c'è logica, non c'è razionalità. Non c'è quell'istinto naturale che dovrebbe spingere chi ama a far star bene, a proteggere, a costruire, a evolvere insieme.

Questa consapevolezza è fondamentale perché ci aiuta a comprendere una fase delicata che probabilmente tu hai già superato ma che riguarda tantissime persone: la fase di chi soffre e non lo sa.

Ci sono persone che vivono in relazioni tossiche ma non lo sanno. Se glielo fai notare – magari da amico, da familiare, da persona che gli vuole bene – ti rispondono con frasi come: "Non è vero", "Così va il mondo", "Tutte le coppie litigano", "È normale che sia così".

Non lo è.

Non è normale vivere nella paura, nel senso di colpa, nell'annullamento. Non è normale sentirsi svalutati, manipolati, isolati.

Il problema è che se una persona non riconosce il dolore non potrà mai scegliere di liberarsene.

Finché credi che quella dinamica sia "normale" non cerchi una via d'uscita.

Spesso, per molte persone, toccare il fondo è l'unico modo per cominciare a risalire. Serve una crepa, un crollo, un evento che rompa il silenzio interiore. Solo allora si apre uno spiraglio, si accende una domanda, si insinua un dubbio salvifico.

Se stai leggendo questo libro è perché quella crepa dentro di te si è già aperta. Tu hai già riconosciuto di stare male. Forse non del tutto, forse a tratti. Qualcosa dentro di te, però, ha iniziato a scricchiolare, a muoversi.

Sei passato dalla fase dell'inconsapevolezza a quella della reazione.

Voglio dirti una cosa importante: questa fase è solo l'inizio del tuo processo di liberazione.

È come risvegliarsi da un sogno e accorgersi che qualcosa non va.

All'inizio c'è rabbia, dolore, disorientamento.

Poi arriva la lucidità, la forza, il coraggio.

Questo libro ti accompagnerà passo dopo passo in questa trasformazione. Ti ricorderà ogni volta che ne avrai bisogno che uscire dal buio è possibile anche quando per anni ti sei convinto che il buio fosse tutto ciò che esisteva.

Perché tu non sei nato per sopravvivere. Tu sei nato per vivere, amare, brillare.

Quando la tossicità si spezza

Quando finalmente comprendi di essere immerso in una dinamica tossica e quella situazione diventa insostenibile può accadere qualcosa di decisivo: la rottura.

Può essere una tua decisione, maturata con fatica, con coraggio.

Oppure può essere una conseguenza che subisci: magari lui o lei se ne va, ti tradisce, si allontana improvvisamente, lascia la casa, ti manda la lettera di un avvocato, rompe ogni legame.

Nel momento in cui accade ti sembra una sciagura.

Un disastro.

Col tempo, se hai il coraggio di guardare oltre il dolore iniziale, ti accorgerai che è stata la più grande fortuna della tua vita.

Quella rottura, quella frattura così dolorosa, è in realtà il primo passo verso la tua liberazione.

È come se la vita, vedendoti ancora incatenato, abbia deciso di spezzare lei stessa quelle catene. Anche se in quel momento ti senti smarrito, vuoto, abbandonato... sei più libero di quanto tu sia mai stato.

A volte il passo devi farlo tu e, questa, è una sfida ancora più grande.

Quando la persona tossica non se ne va sei tu a dover trovare il coraggio di rompere, di andartene, di dire basta.

Non esistono scorciatoie: serve consapevolezza, forza interiore e pianificazione.

Prima di tutto però voglio dirti una cosa fondamentale: non commettere l'errore di considerare il partner tossico una persona "normale".

Non aspettarti ragionamenti lucidi, empatici, affettivi.

Non aspettarti che metta i sentimenti – o tantomeno l'amore per i figli – davanti al suo bisogno di controllo, rivalsa e manipolazione.

Non lo fa e non lo farà mai.

Nella relazione tossica entrambi i partner sono accecati: tu dal dolore, lui (o lei) dalla rabbia, dal vuoto interiore, da ferite mai guarite.

Il partner tossico non ha reale contezza delle conseguenze delle sue azioni. Agisce spinto da pulsioni profonde, da distorsioni della realtà, da una sete di potere che non ammette equilibrio.

Nel mio lavoro vedo ogni giorno persone ferite, devastate da separazioni drammatiche.

Vedo attacchi ciechi, azioni gratuite e crudeli, odio che nasce nel nulla. Vedo padri e madri che si accaniscono sull'altro senza pensare un attimo ai figli.

Vedo ancora più spesso persone esauste che pur di porre fine alla guerra cedono tutto, accettano accordi ingiusti, rinunciano a diritti, si piegano.

Quella non è una pace. È un armistizio. È una vittoria dell'abuso sulla dignità.

Anche se non mi piace parlare di "vinti e vincitori" in una separazione è un dato di fatto che esistono accordi che sono il risultato di una manipolazione prolungata, non di una reale trattativa.

Ecco perché ti dico di pianificare.

Se il passo lo fa l'altro può lasciarti per un momento sorpreso.

Ma se sei tu a volerlo fare, non improvvisare.

Prepara il terreno.

Pianifica economicamente per non trovarti vulnerabile.

Pianifica emotivamente coinvolgendo chi può sostenerti.

Pianifica con attenzione specialmente se ci sono figli: tutelali, proteggili, non permettere che vengano usati come armi di ricatto.

Condividi la tua decisione con chi può aiutarti: un terapeuta, un consulente, il tuo avvocato.

Crea una rete di protezione.

Voglio dirtelo con la massima chiarezza: una relazione tossica sarà quasi inevitabilmente anche una separazione tossica.

E non è una passeggiata.

Se non lavori anche su te stesso la tossicità continuerà anche dopo, nel post separazione.

Qui si rischia il doppio danno: la ferita della relazione e la beffa di non esserne davvero usciti.

In questo libro parleremo anche della pianificazione concreta.

Ti guiderò per prepararti ad affrontare questa trasformazione nel modo più lucido e sicuro possibile.

La libertà non si improvvisa.

La libertà si costruisce.

Tu meriti di costruirla con dignità, consapevolezza e forza.

Il coraggio di Silvia

Silvia ha vissuto quindici lunghi anni di matrimonio sotto il peso di una relazione tossica fatta di sofferenza, manipolazione e controllo psicologico. Suo marito era un uomo estremamente narcisista, centrato solo su di sé, ossessionato da una sola idea: la casa familiare.

Quella casa, costruita con grandi sacrifici dal padre di lui, era diventata per lui non solo un bene materiale ma un simbolo di potere, di eredità, di possesso.

Silvia però sapeva che secondo la normativa vigente in Italia e la consolidata giurisprudenza quella casa spettava di diritto a lei. Non perché fosse un bene intestato a suo nome ma perché lei era la madre dei figli minori, la genitrice di riferimento, la collocataria prevalente dei bambini. La legge, oggi, tutela il diritto dei figli a mantenere un ambiente stabile e quindi di rimanere nella casa familiare con il genitore che li accudisce.

Silvia, nonostante questo diritto, ha fatto una scelta diversa.

Sapeva che se si fosse impuntata su quella casa la separazione sarebbe diventata una guerra. Una guerra lunga, logorante, velenosa dove lui avrebbe fatto di tutto pur di ostacolarla, distruggerla, renderle la vita un inferno.

Ha scelto con lucidità e coraggio: "Rinuncio alla casa ma voglio liberarmi. Voglio la mia pace. Voglio la mia vita".

Silvia non era una donna debole.

Era una donna fortemente in gamba che aveva atteso con pazienza che i figli fossero abbastanza grandi per poter affrontare la separazione senza traumi eccessivi. Una donna consapevole che ogni scelta avrebbe comportato un dolore.

Silvia ha scelto il dolore che libera, non quello che incatena. Abbiamo lavorato insieme a un accordo che per molti sarebbe potuto sembrare uno "svantaggio" giuridico.

Per lei è stato il passo della vittoria. Ha rinunciato a una casa, sì. Ha ottenuto qualcosa di infinitamente più grande: la libertà.

Cosa ci insegna la storia di Silvia.

Che la liberazione da un partner tossico è talmente preziosa che a volte rinunciare a qualcosa può essere il più grande atto d'amore verso se stessi.

Che non sempre lottare fino all'ultimo per un diritto significa davvero vincere.

Vincere non è ottenere tutto: vincere è vivere in pace.

Non ti sto dicendo di non difendere i tuoi diritti.

Ti sto dicendo che il tuo benessere viene prima.

A volte è meglio rinunciare ad una battaglia giuridica che continuare a vivere in uno scenario di guerra infinita.

A volte è meglio vivere in una casa diversa ma libera piuttosto che restare nella "casa dei tuoi diritti" sotto il ricatto di una presenza distruttiva.

Silvia oggi si è organizzata.

Fa sacrifici.

Ha dovuto ricominciare.

È la donna più felice del mondo.

Ha scelto se stessa. Quella, credimi, è sempre la scelta più giusta.

Guendalina: la libertà non ha età

Guendalina ha sessant'anni. Per trentacinque anni ha vissuto all'interno di una relazione tossica che ha prosciugato lentamente la sua energia vitale. Ha cresciuto i figli, curato la casa, sostenuto il marito in ogni fase della sua scalata professionale. È anche grazie a lei che lui è diventato un imprenditore di successo. Nessuno gliel'ha mai riconosciuto. Nessuno soprattutto lui.

Per troppo tempo Guendalina ha pensato che quella fosse semplicemente "la vita" destinata a lei. Era cresciuta in un contesto culturale dove il sacrificio silenzioso della donna era normalizzato, quasi glorificato. Aveva interiorizzato il dolore come condizione inevitabile. Non sapeva nemmeno di stare male: per lei il dolore era diventato abitudine, rassegnazione, quotidianità.

Poi qualcosa si è rotto. O meglio, qualcosa si è acceso. Guendalina si è imbattuta in alcuni dei miei video e ha scoperto, forse per la prima volta, il nome di ciò che aveva vissuto per decenni: relazione tossica. Ha iniziato un percorso. Lentamente, silenziosamente ma con determinazione.

La sua paura più grande, ancestrale, era una: non riuscire a vivere da sola a sessant'anni senza un supporto economico. Il marito l'aveva sempre terrorizzata su questo punto: "Senza di me non avrai nulla", "Se non fai come dico io ti rovino", "Non ti darò nemmeno un euro".

Guendalina non si è lasciata fermare. Ha pianificato tutto con intelligenza e pazienza. Ha iniziato a lavorare facendo piccoli lavoretti, come badare ad alcuni anziani che conosceva. Con quei soldi ha iniziato a mantenersi, a respirare. Ha smesso di chiedere. Ha iniziato a scegliere.

Con qualche risparmio e un lascito di famiglia ha acquistato un piccolo monolocale. Non era la reggia in cui aveva vissuto fino ad allora ma era qualcosa di infinitamente più prezioso: era il suo spazio sacro, il suo luogo di rinascita.

Abbiamo affrontato insieme la separazione. Il marito, com'era prevedibile, ha perso il controllo. Ha cercato di mascherare i suoi redditi, di sottrarsi alle sue responsabilità economiche. Non c'è riuscito. È stato inchiodato.

Guendalina si è liberata.

Non solo: ha scelto di ricevere un mantenimento solo per tre anni. Non perché non ne avesse diritto a un supporto più lungo – lo avrebbe avuto eccome – ma perché era così convinta della sua rinascita da sapere nel profondo che ce l'avrebbe fatta da sola. Ha voluto chiudere quella porta con dignità, con forza, con luce.

La storia di Guendalina è la prova vivente che la libertà non ha età.

Che liberarsi è un atto d'amore verso se stessi che può compiersi in ogni stagione della vita.

Che desiderare ardentemente il proprio benessere fisico, emotivo e mentale è più importante di qualsiasi riconoscimento economico o sociale.

Non ti sto dicendo di non difendere i tuoi diritti.

Anzi, tutelarli è sacrosanto.

Ti sto dicendo di fare chiarezza sulle tue priorità. Se la tua priorità è la libertà – quella vera, interiore, concreta – allora deve venire prima di tutto il resto.

Anche prima del denaro. Anche prima della casa.

Anche prima della giustizia esterna.

Quando scegli te stesso, quando scegli te stessa, hai già vinto.

Tutto il resto... verrà.

Tra te e la liberazione c'è la distanza di un pensiero

Liberarsi da una relazione tossica non è soltanto un processo giuridico o fisico. È prima di tutto un processo mentale. Anzi, potremmo dire che tra te e la liberazione c'è esattamente questo: la distanza di un pensiero. Un pensiero che ti limita, che ti ostruisce, che ti àncora a una realtà che ti fa soffrire. Per questo è fondamentale imparare ad osservare quei pensieri, quelle convinzioni che abbiamo interiorizzato spesso inconsapevolmente e che ci tengono prigionieri.

La trasformazione, nella maggior parte dei casi, è bloccata non dalla situazione esterna ma dal non riconoscere i propri meccanismi interni. Una volta che riconosci quel pensiero, quel condizionamento, la catena comincia a spezzarsi da sola. La consapevolezza è la prima e più potente forma di libertà. Ti propongo qui dieci convinzioni limitanti che, nella mia esperienza, sono tra le più comuni. Se anche solo una di queste ti appartiene, non giudicarti ma osserva. Prendi nota. Scrivila. Inizia a guardarla come un qualcosa che non sei tu ma cui hai creduto.

1. "Resto per il bene dei figli".

È una convinzione molto diffusa, specialmente tra chi ha un alto senso di responsabilità familiare. Si crede che la separazione danneggerebbe i figli più della tossicità che respirano ogni giorno. Quando una relazione è davvero tossica, i figli non respirano amore, respirano tensione, paura, dolore. Restare per il loro "bene" spesso significa farli crescere in un ambiente che li ferisce. Una separazione dolorosa ma liberante è molto meno nociva di una convivenza costante nella disfunzionalità.

2. "Senza di lui / lei non ce la farò".

Una delle paure più forti: la paura di non farcela da soli. Economicamente, emotivamente, socialmente. Se stai in una relazione tossica, è già un dato di fatto:

non puoi contare su quella persona. Quindi, paradossalmente, sei già solo. Ti stai ancora raccontando il contrario.

3. "Non troverò mai più nessuno".

Questa è la convinzione della scarsità.

Pensare che quella persona tossica sia l'ultima o l'unica possibile, come se fosse l'ultima oasi nel deserto.

Non è vero. Finché non ti liberi da una relazione tossica è impossibile incontrare una relazione sana.

Se cambi tu, se ti liberi davvero, potrai anche attrarre qualcuno che non voglia incatenarti ma amarti.

4. "È colpa mia se è andata così".

Un pensiero velenosissimo questo.

Sì, è giusto prendersi la responsabilità delle proprie scelte ma non della tossicità altrui.

Mettersi in discussione è sano ma flagellarsi è distruttivo.

Non puoi cambiare l'altro. Puoi solo smettere di permettergli di ferirti.

5. "Se cambio io, cambierà anche lui / lei".

Un'illusione pericolosa.

Il miglioramento personale è sempre positivo ma non rende meno tossico chi ha scelto di esserlo.

Lavorare su di sé è fondamentale, non nella speranza che l'altro faccia lo stesso.

Se resti nella relazione credendo che cambierà, stai solo allungando la tua prigionia.

6. "Dio non vuole il divorzio".

Una convinzione radicata nella morale religiosa, molto diffusa anche tra chi non è praticante.

Dio non vuole la sofferenza delle sue creature.

Dio non vuole il divorzio di chi si ama.

Vuole la liberazione di chi è abusato, manipolato, calpestato.

Liberarsi può essere un atto sacro. Un atto di rispetto verso la vita che ci è stata donata.

7. "La famiglia non si distrugge".

Un dogma sociale che ci ha insegnato che la famiglia va preservata ad ogni costo. Una famiglia senza amore, rispetto, pace, non è una famiglia. È una prigione collettiva.

Quando il singolo è calpestato nel nome dell'unità familiare, quella unità ha già cessato di esistere.

8. "Nessuno capirebbe. Tutti mi giudicherebbero".

La paura del giudizio, della vergogna sociale, è fortissima.

Se sapessi quanta ipocrisia e dolore si nasconde dietro tante famiglie "perfette" non avresti più paura di essere giudicato. Ti sentiresti orgoglioso del tuo atto di coraggio.

Diventare testimoni di liberazione è una delle fasi più belle del percorso.

Da giudicati… ad autorevoli.

9. "Forse sto esagerando. In fondo c'è di peggio".

La minimizzazione del male che si subisce è un meccanismo di difesa.

Non serve guardare chi sta peggio per giustificare ciò che ti sta distruggendo.

Non serve il sangue per riconoscere una violenza.

La violenza psicologica è silenziosa, invisibile, corrosiva.

Tu non devi tollerarla solo perché altri stanno peggio.

10. "Meglio il male che conosco dell'incertezza del futuro".

La paura dell'ignoto è forse la più grande di tutte.

Preferiamo la prigione nota al vuoto sconosciuto.

Il cambiamento è vita. Anche quando spaventa, anche quando destabilizza.

Cambiare abitudini, pensieri, luoghi, relazioni: tutto inizia da una piccola frizione interna.

Quella frizione è il segno che l'uovo sta per schiudersi.

Tu sei pronto a nascere, di nuovo e per davvero!

ooooo

Tra te e la liberazione c'è un pensiero da osservare.

Usa quello che chiamo il **mental detector**: cerca il pensiero che ti limita, che ti tiene bloccato.

Osservalo. Scrivilo. Mettilo davanti a te.

Un pensiero osservato perde potere.

La tossicità è forte finché la normalizzi.

Quando ti accorgi che ti sta consumando hai già compiuto il primo passo.

Chi ben comincia... ha già vinto mezza battaglia.

Il significato spirituale della separazione e del divorzio

La separazione e il divorzio, spesso percepiti solo come fallimenti o conflitti legali, sono in realtà passaggi sacri, soglie profonde nel cammino dell'anima. Quando due persone si separano non stanno solo dividendo beni o decidendo sull'affidamento dei figli: stanno chiudendo un ciclo karmico, stanno sciogliendo legami emotivi, stanno dando una nuova direzione alle proprie vite interiori.

L'anima non guarda alla separazione come a un errore ma come a un'opportunità. Ogni relazione ha un tempo sacro e quando quel tempo termina l'anima lo sa prima della mente. Continuare a restare uniti quando l'evoluzione è conclusa può significare stagnazione, dolore e allontanamento da sé.

Le tensioni che emergono in una separazione mostrano ciò che non è stato guarito dentro di noi. Il partner diventa il catalizzatore delle nostre ferite infantili, dei nostri bisogni non riconosciuti, dei nostri silenzi interiori. Il conflitto, se guardato con coscienza, è un maestro spirituale potentissimo.

Spesso si cercano colpe e si emettono giudizi. L'anima però non chiede di trovare un colpevole. Chiede di comprendere. Chiede di vedere le dinamiche, accogliere le proprie responsabilità e scegliere con amore ciò che porta libertà. Il giudizio chiude. Il discernimento apre.

Separarsi può essere un atto di grande amore: amore per sé, per i figli, per la verità. Non è fuggire. È tornare a casa. È scegliere la vita anche quando fa paura. È riconoscere che la propria missione interiore può essere diversa da quella del partner e che camminare da soli può essere il primo passo per camminare davvero insieme, in futuro, con altri o con se stessi.

Il divorzio non è la fine. È un nuovo inizio. Un terreno fertile per ricostruirsi, per conoscersi di nuovo, per guarire i propri legami interiori. È il momento in cui si può scegliere di non ripetere più gli stessi schemi ma di evolvere verso una forma d'amore più autentica, prima di tutto con se stessi.

Separarsi non è perdersi. È ritrovarsi. Non è distruggere. È trasformare. Quando la separazione è vissuta con coscienza si trasforma in un rito di passaggio. Il divorzio diventa non la fine dell'amore ma la nascita di una nuova libertà.

Parte III: IL DISTACCO DAI NARCISISTI

Separarsi da un narcisista o da una narcisista

Separarsi da un partner narcisista, sia esso uomo o donna, richiede una consapevolezza specifica e una preparazione accurata. Le relazioni con personalità narcisistiche non seguono le normali dinamiche affettive e sono spesso contrassegnate da cicli di manipolazione, svalutazione e controllo. Affrontare una separazione con questo tipo di personalità non è come affrontare una crisi relazionale qualsiasi: occorre capire che ci si sta relazionando con qualcuno che non ragiona come il resto del mondo.

Una delle caratteristiche più disorientanti di questi individui è la totale mancanza di empatia. Capita spesso di avere lunghe conversazioni apparentemente chiarificatrici per poi scoprire il giorno dopo che tutto ciò che era stato detto e concordato è stato completamente ignorato, come se nulla fosse mai accaduto. Questo non è frutto di disattenzione ma di una modalità relazionale fredda, calcolatrice, priva di connessione emotiva reale. Il loro obiettivo non è il chiarimento o la pace ma il controllo. Non cercano armonia ma soggezione. Ogni dialogo, ogni discussione, ogni tentativo di accordo è per loro un'opportunità per confondere, disorientare e destabilizzare.

Il narcisista è un vampiro energetico. Si nutre della tua insicurezza, delle tue fragilità, del tuo senso di colpa. Utilizza ogni tuo dubbio contro di te e attacca sempre dove sa che farà più male: sui tuoi valori, sui tuoi ruoli, sulle tue emozioni. Ti farà sentire un genitore inadeguato, un partner incapace, una persona sbagliata. La cosa più perversa è che lo farà senza mai assumersene la responsabilità, facendo apparire tutto come una tua colpa o una tua esagerazione.

In tutto questo caos, esiste una via d'uscita. Il più grande terrore di un narcisista è essere ignorato. Non conta per lui o per lei essere amato o odiato: conta essere al centro. L'unico modo per togliergli potere è interrompere il flusso di attenzione. L'indifferenza nei suoi confronti è l'arma più potente. Per poter arrivare a quel punto è necessario smettere di cercare giustizia emotiva. Non arriverà. Il narcisista non chiederà scusa, non si pentirà, non cambierà. Continuare ad aspettare un suo cambiamento o un riconoscimento delle proprie colpe è una forma di autosabotaggio. È tempo di uscire da questo sogno infranto e pianificare concretamente la propria liberazione.

Questo significa prepararsi mentalmente ed emotivamente ma anche legalmente. Raccogliere prove, tutelare se stessi e i figli, costruire una rete di supporto. La separazione non pone fine alla tossicità. Spesso la accentua. Il narcisista usa la separazione come un campo di battaglia per vendicarsi, per denigrare, per calunniare. Serve lucidità, forza e una guida.

Una lunga relazione con un narcisista distrugge l'autostima. Dopo anni di manipolazioni puoi non riconoscere più cosa è normale e cosa non lo è. Puoi pensare pensieri che non ti appartengono, sentire emozioni indotte da un costante gaslighting. Una volta che ti rendi conto della realtà, qualcosa cambia. Il dolore che ne deriva è acuto ma è il primo segno della guarigione. È il momento più alto perché dopo inizia la discesa, faticosa ma possibile.

Quando ti accorgi di essere stato manipolato non dubitare di te. Non pensare di essere esagerato, pazzo o troppo sensibile. Hai vissuto una realtà capovolta e il fatto che tu te ne stia accorgendo dimostra che stai tornando in contatto con la verità. È il momento di fidarti di te stesso, di ascoltare il tuo istinto, di connetterti con ciò che senti. Chi riesce a riconoscere una relazione narcisistica è già a metà del cammino. La vera battaglia è contro l'annientamento della propria identità. Vincere quella battaglia significa iniziare a vivere davvero.

Separarsi da un narcisista non è solo una fine. È una rinascita. È il ritorno a sé. È la riscoperta della propria libertà, della propria voce, del proprio valore. Significa imparare a mettere confini, a dire di no, a scegliere con chi condividere la propria energia. Significa riconoscere che quel partner non era speciale, era solo tossico. E soprattutto che tu sei sempre stato abbastanza. Ora è il momento di ricordartelo.

I mille volti dei narcisisti durante una causa

Affrontare una separazione o un divorzio con un partner tossico (in particolare con un narcisista o una narcisista) non è semplicemente un procedimento legale: è una vera e propria battaglia psicologica logorante, complessa e spesso incomprensibile agli occhi degli altri. La difficoltà più grande non sta soltanto nella gestione delle carte, delle udienze e dei diritti ma nel fatto che spesso il mondo esterno non riconosce pienamente la pericolosità emotiva di un partner narcisista. Ci si ritrova così a lottare su due fronti: da un lato con il narcisista stesso che intensifica le proprie strategie manipolative nel momento in cui capisce di essere stato smascherato, dall'altro con un mondo che tende a minimizzare, a non capire o peggio ancora a invalidare la tua esperienza.

Una delle cose più comuni che accade infatti è che chi non ha vissuto in prima persona una relazione con un narcisista fatica a credere a quanto può essere devastante. Si sente dire: "Forse stai esagerando" oppure: "In fondo che ha fatto di così grave" E proprio qui inizia la seconda parte dell'inferno: il narcisista ti fa passare per pazzo, vittimizza se stesso e riesce a convincere chi ti sta attorno che tu sei il problema. La realtà invece è che chi esce da una relazione narcisistica ha vissuto una forma di guerra invisibile fatta di gaslighting, svalutazione, senso di colpa, isolamento, manipolazione e nei casi più gravi anche di violenza fisica o economica.

Il narcisista non ha come obiettivo l'accordo, la pace, la collaborazione. Il suo unico vero scopo è il controllo. Vuole controllare te, la tua narrazione, il tuo pensiero, le tue azioni, perfino la tua percezione della realtà.

Quando capisce che lo stai lasciando, che ti stai liberando, che hai iniziato a vedere il suo vero volto, diventa ancora più pericoloso.

La sua arma più potente non è la forza fisica ma la strategia, l'astuzia.

Sa dove colpire, sa come metterti in discussione, sa come farti sentire in colpa perfino per aver deciso di salvarti.

Non serve, per liberarti, una diagnosi clinica per capire di avere a che fare con un narcisista. Anzi, la maggior parte dei narcisisti non si farà mai diagnosticare. Saranno gli ultimi a mettersi in discussione, i primi a proiettare su di te ogni colpa.

C'è un momento chiave nel percorso di liberazione: quando inizi a leggere, informarti, ascoltare testimonianze e ti rendi conto che ogni comportamento che hai subito corrisponde esattamente a ciò che è descritto nei libri, nei video, nelle parole di chi ci è passato. In quel momento qualcosa si spezza dentro: l'illusione. Inizia a nascere una verità nuova, spesso dolorosa ma salvifica.

Chi si libera da una relazione tossica con un narcisista passa per una fase durissima. All'inizio, la persona bersaglio – perché non mi piace chiamarla vittima – si sente confusa, sola, vulnerabile. Ha interiorizzato così tante delle bugie e delle svalutazioni del partner che non riesce più nemmeno a riconoscere il proprio valore. Il narcisista ha fatto un lavoro meticoloso di erosione dell'autostima e a volte ci vuole tempo, lavoro terapeutico e tanto amore per tornare a guardarsi con occhi limpidi.

Il problema è che il narcisista non accetta la sconfitta. Per lui il fatto che tu stia cercando la tua libertà è una sconfitta. Per questo farà di tutto per tenerti ancorata, per farti dubitare della tua scelta, per usare i figli, il denaro, la giustizia, la famiglia, tutto pur di mantenere un contatto anche distruttivo anche tossico. Il suo vero terrore non è perderti. Il suo vero terrore è essere ignorato, essere dimenticato, essere irrilevante.

A quel punto capisci che in fondo la tua salvezza inizia proprio da qui: ignorarlo. Non come atto di superficialità ma come atto di autodifesa.

Liberarsi da un narcisista è come rinascere. C'è una vita prima e una vita dopo. Una vita in cui sembrava tutto normale ma non lo era e una nuova vita in cui finalmente puoi respirare ma devi anche ricostruire te stessa da zero. In questo percorso la conoscenza è potere. Più conosci il narcisismo più riconosci i suoi schemi. Più conosci te stessa più riconosci ciò che meriti. Non basta liberarsi fisicamente. Serve un lavoro profondo, interiore, psicologico e anche spirituale. Uscire da una relazione narcisistica significa non solo lasciare una persona ma anche lasciare un'identità che ti era stata cucita addosso.

Chi ci è passato lo sa: esiste un prima e un dopo. Quando sei nel dopo non vuoi più tornare indietro. Per nulla al mondo. La tua libertà, la tua pace, la tua dignità valgono più di ogni vendetta, più di ogni giustificazione, più di ogni ragione. Liberarti non è solo un tuo diritto. È il tuo dovere sacro verso te stesso. È anche l'unico modo per insegnare ai tuoi figli con l'esempio che l'amore non è mai prigione.

L'amore vero non ti distrugge. L'amore vero ti libera.

Perché è impossibile trovare un accordo

Separarsi da un narcisista non è solo un atto giuridico. È una battaglia interiore, emotiva e spesso spirituale. Quando si prende la decisione di chiudere una relazione con un uomo o una donna narcisista si entra in un campo minato in cui le regole del buon senso, del rispetto e dell'empatia non valgono più. È un campo di guerra in cui l'arma principale è la strategia e il primo nemico da combattere non è il narcisista ma l'illusione che abbiamo costruito su di lui. Perché il narcisista non è soltanto colui che manipola ma anche colui che riesce a farsi idealizzare, a sembrare l'unico possibile, il più brillante, il più affascinante, quello che finalmente ti ha visto davvero. In quella idealizzazione, che spesso è durata anni, la vittima si è persa.

Quando finalmente ci si accorge che qualcosa non torna, che i conti non tornano e il dolore è troppo, inizia il risveglio. Il risveglio è lento, doloroso e raramente supportato. Intorno infatti pochi capiscono davvero cosa significa avere a che fare con un narcisista. Molti ridono, minimizzano, dicono che esageri. I più insidiosi sono quelli che ti ricordano che "è sempre tuo marito" o "è pur sempre la madre o il padre dei tuoi figli". Queste frasi che sembrano di buon senso sono spesso l'eco della manipolazione più profonda, quella che vuole mantenerti nel ruolo di figlio devoto, di moglie silenziosa, di madre sacrificale.

Liberarsi da un narcisista richiede innanzitutto lucidità. La lucidità nasce dalla conoscenza. È per questo che ritengo fondamentale studiare il fenomeno, informarsi, guardare in faccia la verità anche se fa male. La verità fa male solo all'inizio. Poi pian piano inizia a guarire.

Le strategie dei narcisisti in fase di separazione e divorzio sono raffinate ma sempre uguali. Ritardano il procedimento, rifiutano di firmare, saltano gli appuntamenti, creano un clima di confusione per destabilizzare l'altro. Oppure fanno le vittime, accusano l'altro di essere instabile, manipolatore, bugiardo. È un copione collaudato ma chi lo conosce può anticiparlo. L'unico modo per anticiparlo è disattivarlo non con la rabbia o la vendetta ma con la consapevolezza.

Chi vive questa esperienza spesso ha un'autostima distrutta, minata da anni di denigrazione sottile, da frasi dette per ferire, da silenzi usati per punire. Eppure è proprio quella persona, quella che si sente nulla, che ha dentro di sé una forza immensa.

Riconoscere il narcisismo in chi si ama – o si è amato – è un atto di coraggio straordinario. È come uscire da un sogno e decidere di non dormire più. Da lì inizia la vera liberazione.

Liberarsi da un narcisista non significa sempre sconfiggerlo. Significa non dipendere più da lui. Significa non avere più bisogno del suo sguardo, del suo consenso, della sua approvazione. Significa smettere di giustificare i suoi comportamenti, di cercare spiegazioni. Significa soprattutto imparare a sentirsi di nuovo, imparare a scegliere per se stessi.

Ecco perché il primo passo è l'indipendenza economica. Chi è economicamente dipendente da un narcisista non riuscirà a separarsene davvero. Per questo anche se sembra impossibile bisogna iniziare a lavorare, a costruirsi un'autonomia, anche piccola ma propria. Il secondo passo è un percorso terapeutico serio con uno specialista che conosca a fondo il narcisismo, che lo abbia studiato ma ancor più che lo abbia compreso. Il dolore che si prova non è solo psicologico, è esistenziale.

Il narcisista, quando si accorge che lo hai capito, cambia strategia. Diventa cane bastonato, si finge distrutto, abbandonato, incompreso. Cerca alleati, mette i figli contro di te, si traveste da martire. Non è amore, è solo un'altra maschera per non essere dimenticato.

Il narcisista non sopporta l'oblio. Non sopporta di non avere più potere.

Serve una rete. Serve una rete di amici, di professionisti, di persone che ti credano. Serve smettere di cercare conferme da chi non può dartene. Se hai avuto a che fare con un narcisista non aspettarti scuse, non aspettarti ammissioni. Aspettati invece una guerra. Ma tu sei più forte. Molto più forte di quello che credi.

Essere troppo buoni, dicevamo, spesso ci ha resi ingenui. Oggi possiamo scegliere di essere consapevoli, lucidi, presenti. Possiamo scegliere di aprire gli occhi. Quando apri gli occhi davvero il carcere mentale cade. Allora capisci che ciò che credevi amore era solo controllo. Che ciò che credevi normalità era solo adattamento. Che ciò che chiamavi casa era in realtà una prigione.

La libertà ha un sapore che non so descrivere ma posso prometterti che vale ogni singolo passo di questo viaggio.

Vale ogni lacrima. Vale ogni notte insonne. Vale ogni atto di coraggio. Dopo la vita non è più la stessa. Dopo la vita è tua. Questa finalmente è una vita vera.

Non dire "narcisista" in tribunale

Separarsi da un narcisista non significa soltanto porre fine a un matrimonio. Vuol dire affrontare un'intera struttura psicologica che ha condizionato, dominato e manipolato la propria vita. In questo tipo di relazioni non c'è semplicemente una parte che ama e una che non ricambia: c'è chi si nutre del controllo, dell'umiliazione e della confusione che instilla nell'altro e chi lentamente perde pezzo dopo pezzo la propria identità. Il narcisista non si riconosce subito. Si presenta spesso come affascinante, brillante, generoso. Sa dire le parole giuste, sa leggere i bisogni dell'altro e usarli come chiavi per aprire porte che poi chiuderà con forza. Quando ci si accorge di avere accanto un narcisista spesso è troppo tardi. Perché ci si sente confusi, inadeguati, insicuri e, soprattutto, si ha la sensazione di non riuscire più a pensare con la propria testa. Non si sa più cosa è vero e cosa non lo è. La realtà viene distorta, riscritta, manipolata. In ambito legale affrontare una separazione o un divorzio con un narcisista richiede strategie specifiche. Il narcisista non cerca un accordo, cerca una vittoria. Non cerca una soluzione, cerca un controllo. Per farlo utilizza ogni mezzo a sua disposizione dai figli al denaro, dalla reputazione ai messaggi manipolativi. Ogni messaggio, ogni parola, ogni gesto è pensato per creare disorientamento e per mantenere l'altro nella posizione di subalternità. Uno degli aspetti più devastanti è proprio la solitudine della vittima. La sua voce si è spenta nel tempo e quando finalmente trova il coraggio di parlarne spesso non viene creduta. Anzi viene vista come esagerata, lamentosa, addirittura instabile. Questo perché il narcisista ha lavorato sottotraccia per tempo creando intorno a sé un alone di perfezione e rispettabilità. Ha parlato male della vittima a familiari, amici, colleghi. Ha costruito una realtà alternativa nella quale la vittima è il problema. Nel corso della mia esperienza ho imparato che il punto di svolta arriva quando la vittima inizia a dire "no". È una parola breve, semplice ma capace di scatenare l'inferno. Il narcisista non tollera il rifiuto. Non tollera la perdita di controllo. Allora reagisce con violenza, anche solo verbale o psicologica, cercando di riprendere ciò che considera suo. Proprio in quel momento si apre la prima breccia. Dire "no" è l'inizio della libertà. Molte persone mi chiedono come dimostrare che il partner è un narcisista. La verità è che in tribunale non serve etichettare. Non serve dire "è un narcisista". Serve raccontare i comportamenti: la denigrazione costante, le manipolazioni, le offese, il disinteresse per i figli, l'uso strumentale del denaro. Sono i fatti a parlare, non le diagnosi. Chi vuole uscire da una relazione con un narcisista deve sapere che serve preparazione. Serve una rete di supporto. Serve un terapeuta competente che conosca il narcisismo, meglio ancora se ha vissuto in prima persona queste dinamiche. Serve un avvocato che non si limiti al diritto ma conosca anche le pieghe dell'animo umano. Perché il narcisismo non si combatte solo con i codici ma anche con la consapevolezza. Una delle trappole più subdole è il moralismo. Quante volte ci si sente dire: "perdonalo, è tuo padre" "perdonala, è la madre dei tuoi figli". Il perdono non può essere imposto. Il perdono vero nasce spontaneamente, come l'amore. Se non accade non bisogna forzarlo. Forzare il perdono è solo un altro modo per invalidare il dolore di chi ha sofferto. Chi ha subito violenza psicologica ha diritto al proprio tempo, alla propria rabbia, alla propria verità. Ciò che conta davvero è risvegliarsi. Accorgersi. Rendere visibile l'invisibile. Riconoscere che il problema non sei tu ma una dinamica tossica che hai subito troppo a lungo. Allora, come in un bicchiere sporco dove inizia a essere versata acqua pulita, lo sporco emerge, sale in superficie e piano piano viene espulso. All'inizio fa male. Sembra peggiorare. È l'inizio della guarigione. Nel mondo reale non tutti ti capiranno. Alcuni ti diranno che esageri, altri ti inviteranno a tacere. Chi ha vissuto certe esperienze sa riconoscere lo sguardo di chi ha sofferto. Tra queste anime, anche se poche, nasce una nuova comunità fatta di verità, forza e rinascita. Se hai amato un narcisista non vergognarti. Non colpevolizzarti. La tua sensibilità, la tua empatia, la tua generosità sono state usate contro di te ma oggi possono diventare le tue più grandi risorse. Perché chi sopravvive a una relazione tossica diventa capace di aiutare gli altri. È proprio così che inizia la tua vera rinascita: quando smetti di chiederti "perché l'ha fatto?" e inizi a chiederti "cosa voglio per me ora?" Allora la vita cambia. Cambia sguardo. Cambia voce. Cambia tutto. Perché finalmente sei tu a scrivere la tua storia.

Attenzione agli "utili idioti"

Prima, durante e dopo una separazione tossica fate molta attenzione ai cosiddetti "utili idioti" nelle mani del narcisista o della narcisista. Questo è un aspetto che merita una riflessione profonda. Bisogna sapere che il narcisista, uomo o donna che sia, non opera mai da solo. Non può. Il narcisismo ha bisogno di spettatori, di triangolazioni, di dinamiche relazionali in cui proiettare il proprio ruolo e manipolare le percezioni. Vive di relazioni solo per controllarle, distorcerle, piegarle al proprio volere.

Nel momento in cui una vittima inizia a risvegliarsi, a prendere le distanze, a riconoscere gli abusi e le manipolazioni ecco che il narcisista mette in moto uno degli strumenti più subdoli che ha a disposizione: gli "utili idioti". Con questa espressione (le cosiddette "scimmie volanti" in gergo psicologico) intendo persone che spesso inconsapevolmente diventano strumenti nelle sue mani. Sono amici comuni, familiari, colleghi o conoscenti che ascoltano solo una campana, quella del narcisista, e senza mai approfondire davvero la dinamica si fanno portavoce delle sue versioni distorte della realtà.

A volte contattano la vittima con la pretesa di "mettere pace" ma quella pace ha un prezzo: il silenzio, la sottomissione, il sacrificio della verità.

Parlano alla vittima come se fosse lei il carnefice ribaltando ruoli e responsabilità.

La vittima, già sfiancata emotivamente, si ritrova a doversi giustificare, a dover spiegare e difendersi anche da chi dovrebbe offrirle supporto.

Queste persone sono pericolose.

Non perché siano cattive ma perché non capiscono.

Non capendo si fanno strumento perfetto nelle mani del manipolatore.

Naturalmente c'è anche chi agisce in malafede.

Sono meno perfidi del narcisista, certo, proprio per questo ancora più insidiosi: si muovono con l'apparente innocenza di chi "vuole solo aiutare" ma in realtà fanno il gioco del narcisista alla perfezione. Bisogna imparare a riconoscerli e ad allontanarli con decisione. Anche bruscamente. Senza rabbia ma con chiarezza. Perché nessuna guarigione è possibile finché si resta circondati da persone che contribuiscono anche inconsapevolmente alla narrazione del carnefice.

Questo meccanismo è tipico delle famiglie dove c'è un narcisista: la vittima viene isolata, screditata, fatta passare per instabile. Gli "utili idioti" sono l'anello di trasmissione di questa falsificazione. Toglierli dal proprio campo energetico è un atto di igiene emotiva. Significa scegliere di credere a se stessi, alla propria verità e al proprio diritto di guarire.

Se la narcisista è tua madre

C'è una forma di sofferenza che si annida silenziosamente nei cuori di molte persone: quella causata da una madre narcisista. Non è facile da spiegare perché siamo cresciuti in una cultura che pone la figura materna su un piedistallo intoccabile, quasi divino. Una madre, per definizione, è colei che accoglie, protegge, nutre. Mettere in discussione questa immagine è come bestemmiare in un tempio.

Eppure ci sono madri che non accolgono, non proteggono, non nutrono. Ci sono madri che dominano, manipolano, controllano.

Molte persone vivono per anni immersi in una dinamica familiare tossica senza riuscire a darle un nome. Credono che sia normale sentirsi costantemente sbagliati, non abbastanza, mai all'altezza. Credono che sia normale dover conquistare l'affetto, meritarsi l'approvazione, guadagnarsi l'amore. Solo quando a un certo punto entrano in contatto con altre storie, con altre persone, con strumenti nuovi come i social network usati per la consapevolezza iniziano a sentire qualcosa di diverso. Iniziano a intravedere che esiste un altro modo di vivere. Che quello che hanno vissuto non era affatto normale. Che quella che credevano la loro realtà era in realtà una prigione.

Una madre narcisista non ama in modo incondizionato. Ama solo se il figlio soddisfa le sue aspettative, se riflette una certa immagine, se risponde ai suoi bisogni. Altrimenti lo punisce. Lo punisce con il silenzio, con la critica velata, con la svalutazione costante, con il senso di colpa. Non chiede mai scusa. Non riconosce mai di aver sbagliato. Si pone sempre come vittima anche quando è chiaramente carnefice. Soprattutto mette tutti contro tutti.

Fratelli contro sorelle. Figli contro padri. Amici contro amici. Innesca il triangolo, quel meccanismo subdolo che le permette di mantenere controllo emotivo su ogni componente della famiglia.

Chi ha avuto una madre narcisista spesso si ritrova a lottare per tutta la vita con un senso di inadeguatezza che non sa spiegarsi. Con una fame d'amore che non si sazia mai. Con relazioni sentimentali fallimentari, con difficoltà a porre confini, con l'idea inconscia di dover sempre dimostrare qualcosa per essere amati. Spesso non si accorge nemmeno che il fallimento nella vita di coppia, nel lavoro, nell'autonomia economica affonda le radici in quell'antico rapporto malato con la madre. Un rapporto che ha messo le fondamenta su una bugia: "Sei amabile solo se sei utile a me".

Riconoscere di essere stati figli di una madre narcisista è un atto di coraggio. Non troverai supporto immediato. Non ci saranno applausi. Molti ti diranno che esageri, che tua madre ha fatto tanti sacrifici, che in fondo ti ha sempre voluto bene. Dovrai attraversare il deserto della solitudine, della colpa, del dubbio.

Oltre quel deserto c'è la tua verità.

C'è la tua libertà.

Il primo passo per guarire è guardare in faccia la realtà. Capire che non sei tu ad avere qualcosa che non va. Capire che sei cresciuto in un ambiente che ha deformato la tua percezione di te stesso. Capire che quello che chiamavi amore era in realtà dipendenza, bisogno, paura e, poi, iniziare un percorso. Un cammino fatto di consapevolezza, di lavoro interiore, di terapia se necessario. Un cammino fatto di scelte, di confini, di decisioni nuove.

Spesso, per ritrovare se stessi, serve allontanarsi. Anche da chi ci ha dato la vita. Non per odio ma per sopravvivenza. Per costruire una relazione nuova con se stessi. Per dire finalmente un enorme "basta" a tutto ciò che ci ha tenuti piccoli, sottomessi, zitti. Poi forse un giorno ci sarà spazio anche per un rapporto civile, formale, distaccato. Solo dopo aver guarito le ferite, dopo aver ricostruito il proprio valore, dopo aver capito che la tua vita è tua e non devi più sacrificarla sull'altare della finzione familiare.

Questa consapevolezza è la tua vera eredità. Non quella lasciata da tua madre ma quella che scegli tu da oggi in poi.

Abuso giudiziario e false denunce

Nel cuore di molte relazioni che giungono al termine, spesso in modo traumatico, si cela un aspetto oscuro che merita attenzione: l'uso strumentale del sistema giudiziario come forma di vendetta o sopraffazione. Le false denunce, in particolare quelle inserite nei contesti di separazione o divorzio, rappresentano una delle manifestazioni più tossiche e devastanti di una relazione ormai degenerata. Non si tratta solo di un danno morale o personale: le conseguenze possono riverberarsi su tutta la struttura sociale e istituzionale.

Esistono persone che arrivano a costruire vere e proprie trappole emotive per innescare una reazione nell'altro per poi registrarla e utilizzarla come arma in tribunale.

Questo comportamento apparentemente studiato al dettaglio è figlio di una strategia manipolativa che mira a distruggere l'immagine dell'altro genitore, spesso per ottenere vantaggi nella gestione della casa familiare, nell'affido dei figli o nei rapporti economici. Il punto più doloroso è che spesso chi subisce queste dinamiche si trova impreparato, confuso, colto di sorpresa da chi un tempo aveva amato.

Quando si entra in crisi anche in una crisi iniziale è fondamentale cambiare prospettiva. La persona con cui abbiamo condiviso la nostra vita non è più la stessa. Non perché sia diventata cattiva ma perché in uno scenario di conflitto la mente umana può trasformarsi e iniziare a ragionare in termini di attacco e difesa, vantaggio e svantaggio, paura e controllo. La crisi porta alla luce lati oscuri, desideri di rivalsa, dinamiche inaspettate. Ogni gesto, ogni parola, ogni silenzio può diventare una potenziale prova, una potenziale colpa, un potenziale rischio.

La cautela in questi casi diventa un imperativo. Bisogna agire come se si fosse costantemente osservati, registrati, valutati. Come se ci fosse una telecamera puntata costantemente su di noi. In questo senso vivere con la stessa prudenza che si avrebbe in un ambiente lavorativo, davanti a un giudice o a un estraneo può salvare da molti guai. Questo non significa snaturarsi ma significa proteggersi da eventuali provocazioni mantenendo sempre una condotta che non possa essere fraintesa, tagliata, strumentalizzata.

Troppo spesso le persone arrivano in udienza con il desiderio comprensibile di raccontare tutto, di riversare il dolore, la frustrazione, le umiliazioni vissute. Il processo non è un luogo di sfogo. Il processo è uno spazio dove il dolore deve farsi strategia, dove la verità deve assumere una forma chiara, sintetica, incisiva. Per questo è essenziale farsi accompagnare da un avvocato che non solo conosca le norme ma che sappia leggere le dinamiche psicologiche, i meccanismi relazionali, i pericoli emotivi che si nascondono dietro ogni gesto e ogni parola. La crisi va affrontata come un campo minato. Non bisogna attendere che si manifestino i segnali più eclatanti come un tradimento o una sottrazione di denaro. Già quando le cose iniziano a non funzionare, quando il dialogo si spezza, quando si insinua il sospetto, la freddezza, il controllo bisogna iniziare a prepararsi, a proteggersi. Non per dichiarare guerra ma per evitare di rimanere vittime di una guerra che l'altro ha già iniziato in silenzio.

È importante distinguere le discussioni. Esistono discussioni nate per chiarirsi (che sono rare) e discussioni nate per provocare. Le seconde sono le più pericolose perché mirano a ottenere una reazione, a far emergere un lato che possa essere usato contro l'altro. In quei momenti la cosa più saggia da fare è andarsene, interrompere il contatto, evitare ogni forma di confronto diretto. Meglio fare la parte del debole oggi che trovarsi domani senza lavoro, senza reputazione, senza diritti.

Ovviamente tutto questo non deve diventare un alibi per tollerare abusi veri. Se ci sono violenze, manipolazioni, maltrattamenti è fondamentale denunciare subito. Il punto centrale resta: amarsi significa anche proteggersi, tutelarsi, diventare più astuti. L'amore per se stessi passa anche dalla capacità di riconoscere chi pur avendo condiviso un pezzo di vita con noi non è più nostro alleato.

Bisogna imparare ad affrontare le separazioni non solo come una fine ma come una rinascita, un percorso verso una nuova consapevolezza. Questo significa anche imparare a navigare tra le pieghe del sistema, tra le distorsioni della legge e le trappole dell'anima con cuore saldo, mente lucida e piedi ben piantati a terra.

Non sottovalutare la loro cattiveria

Separarsi da una persona tossica, soprattutto in presenza di narcisisti, è uno dei processi più complessi e dolorosi che si possano affrontare ma anche tra i più necessari per salvaguardare la propria salute mentale, emotiva e spirituale. Iniziare un percorso di consapevolezza significa rendersi conto che non si tratta solo del desiderio di uscire da una relazione che non funziona ma di prendere atto di una situazione gravemente compromessa dalla tossicità di chi abbiamo accanto. Molti all'esterno non comprendono. Se si raccontasse a qualcuno ciò che si subisce ogni giorno difficilmente ci crederebbe. La vera cattiveria, quella che ferisce l'anima e destabilizza la mente, si riconosce solo vivendola.

Quando si ha a che fare con un narcisista la separazione diventa una guerra combattuta ad armi impari. Uno dei due cerca la tutela dei figli, la protezione dell'equilibrio familiare mentre l'altro mira alla distruzione. Può arrivare a usare i servizi sociali come arma di ricatto, minacciare l'altro genitore di portargli via i figli, provocare per generare errori che verranno poi usati contro, seminare veleno con sorrisi sarcastici e parole apparentemente gentili. In tutto questo la persona buona, quella che vuole proteggere, rischia di soccombere perché il sistema giuridico spesso non riesce a cogliere la sottigliezza della violenza psicologica.

Chi affronta una separazione da un narcisista deve prepararsi.

Deve sapere che l'altro userà ogni mezzo per indebolirlo spesso partendo dal piano economico. La dipendenza economica viene usata come una catena: chi ha potere cercherà di toglierti ogni risorsa rendendoti più fragile e quindi più controllabile.

Ed è per questo che bisogna conoscere bene il funzionamento del sistema legale, sapere quali strumenti possono essere usati e quali dinamiche possono emergere.

L'interesse dei figli deve rimanere la stella polare. Tutto ciò che viene detto, fatto, presentato in tribunale deve tenere conto di questo. Non importa se l'altro genitore cerca di provocare, confondere, disorientare. L'obiettivo è proteggere i figli e mantenere il focus su ciò che può veramente fare la differenza. La separazione in questi casi non è solo un fatto privato. È un atto di giustizia e verità.

Mai sottovalutare la cattiveria. Questo non per diventare paranoici ma per non restare sorpresi. Chi agisce con cattiveria lo fa con astuzia, con pianificazione, con uno sguardo rivolto alla vendetta più che alla giustizia. Quando si ha a che fare con una mente animata dalla rabbia il pensiero non è più lineare, è strategico, è pericoloso. Essere solo buoni può determinare ingenuità. Essere buoni e intelligenti invece permette di difendersi senza cadere nella trappola della reattività.

Nel momento in cui si entra in una crisi di coppia anche se lieve bisogna iniziare a cambiare prospettiva. La persona che abbiamo accanto, con cui magari abbiamo condiviso anni di vita e figli, non è più la stessa. Può diventare uno sconosciuto, un avversario, una persona capace di azioni imprevedibili.

Da quel momento è fondamentale adottare comportamenti misurati, prudenti, strategici. Evitare le discussioni, le reazioni impulsive, i litigi davanti ai figli.

Comportarsi come se ogni parola, ogni gesto potesse essere registrato e usato contro.

Bisogna anche imparare a distinguere il tipo di discussione che si sta affrontando.

Se l'obiettivo dell'altro non è comprendere ma farvi reagire allora è una trappola. In quel caso l'unica cosa da fare è interrompere la comunicazione. Allontanarsi. Non rispondere. Perché ogni risposta può diventare un'arma.

A volte è meglio sembrare deboli, arrendersi in apparenza pur di evitare conseguenze peggiori.

L'arma più forte che abbiamo è la strategia.

La giustizia ha regole e tempi e anche se può sembrare fredda, distante, ingiusta è l'unico strumento che abbiamo per ottenere un riconoscimento e una tutela. Per affrontarla bisogna conoscere le sue logiche. Non si va in tribunale per raccontare la propria sofferenza ma per dimostrare fatti e circostanze. Questo richiede preparazione.

Chi ha figli e vive in una relazione tossica deve armarsi di forza, coraggio, perseveranza. Deve mettere al centro il benessere dei figli. Anche a costo di sembrare accondiscendente. Anche a costo di dissimulare. Non è finzione. È protezione. Quando l'altro provoca un litigio davanti ai figli bisogna saper uscire dalla stanza, chiudere la discussione, fermarsi.

La vera forza sta nel non cadere nelle provocazioni.

Un genitore prima di tutto protegge.

Quando ci si rende conto della realtà bisogna cominciare a costruire una nuova identità. Recuperare l'autostima, l'amor proprio, la fiducia in se stessi. Tenere un diario, come abbiamo già visto, può essere uno strumento prezioso. Non solo per ricordare fatti e parole ma per rielaborare, per misurare la propria evoluzione, per accompagnare il proprio risveglio. Nessuno può raccontare la vostra storia meglio di voi. Nessuno può comprendere a fondo ciò che avete vissuto se non voi stessi.

Non bisogna subire. Se il rapporto non è salvabile, se non è una relazione ma una prigione, allora bisogna liberarsene. Per sé, per i figli, per la propria vita. Salvare una persona a volte significa salvare un'intera generazione futura.

Nessuno, ricordalo, verrà a salvarci. Siamo noi a doverci salvare e possiamo farlo. Possiamo riconoscere la tossicità, possiamo uscirne. Possiamo essere strategici, lucidi, forti. Possiamo rinascere.

Questo non è solo un atto personale ma un gesto rivoluzionario per tutta l'umanità.

Le inutili discussioni

Quando ci si trova nella condizione di affrontare una separazione da una persona narcisista o fortemente tossica ci si scontra con una realtà che mette a dura prova ogni risorsa interiore. Molte persone pensano che affrontare questo tipo di individuo significhi soltanto prendere una decisione legale ma la verità è che si tratta di un confronto profondo prima di tutto con se stessi. Un confronto che inizia prima, continua durante e si estende ben oltre la separazione stessa.

Spesso chi si trova in una relazione tossica cerca di uscirne con dignità tentando inizialmente la via consensuale. Si desidera evitare lo scontro giudiziario, risparmiare tempo, denaro e soprattutto energie emotive. Questa intenzione, per quanto nobile, può scontrarsi con una realtà più complessa: quella di avere di fronte un soggetto che non ha alcuna intenzione di rispettare un patto, che si muove con strategia e freddezza, che indossa maschere e dietro una cortina di apparente dolcezza nasconde intenzioni distruttive.

Accade così che mentre si discute con calma dei termini di un accordo improvvisamente arriva una notifica di separazione giudiziale con tanto di richiesta di addebito e affido esclusivo. Un fulmine a ciel sereno per chi in buona fede stava costruendo un'intesa. Eppure niente di nuovo sotto il sole per chi ha già conosciuto la manipolazione. Il volto amorevole che si presenta in pubblico è lo stesso che dietro le quinte orchestra guerre legali spietate.

Chi affronta una separazione da una persona tossica deve sapere che non può fidarsi delle apparenze. L'aggressività non sempre si manifesta con urla o violenza fisica. Spesso si annida nella gentilezza strategica, nella premura apparente, nella comunicazione ambigua. Il narcisista non entra in una discussione per chiarire ma per destabilizzare, per manipolare, per creare confusione. Lo fa con piccoli dettagli, insinuazioni, velati giudizi fino a intaccare l'autostima e la capacità percettiva della vittima.

Questo meccanismo reiterato nel tempo svuota la persona della propria forza, della propria lucidità. Porta a dubitare di se stessi, a non sapere più dove sia la verità. La reazione più comune è cercare di spiegare, di convincere, di farsi capire. Con questi soggetti la discussione non ha senso. Non perché non siano intelligenti ma perché sono animati da uno scopo diverso: non chiarire bensì vincere, dominare, distruggere. Ogni parola diventa un'arma contro di voi.

Per questo la cosa più saggia è evitare ogni confronto diretto. Evitare le discussioni anche quelle che sembrano banali perché non lo sono mai. Ogni parola potrebbe essere usata contro di voi, registrata, fraintesa, trasformata in una prova artificiosa. Ogni reazione emotiva potrebbe diventare il tassello che cercavano per ribaltare la narrazione e accusarvi.

Spesso la persona tossica non mira solo al controllo affettivo ma anche a quello patrimoniale, abitativo, genitoriale. Per ottenere la casa può mettere in discussione l'idoneità genitoriale dell'altro. Per ottenere un vantaggio economico può usare il figlio come strumento di pressione. Tutto è lecito nella loro visione distorta se serve a vincere.

A chi si trova in questa situazione voglio dire che non siete soli e che il primo passo non è reagire ma preservarsi.

Ricordatevi che anche la manipolazione più sottile ha un effetto sul vostro sistema interiore. Quando si sta troppo a contatto con chi avvelena l'anima si rischia di avvelenarsi a propria volta. Non perché si diventa cattivi ma perché si perde la centratura. Per questo rigeneratevi. Curate il vostro benessere mentale.

Le discussioni, con queste persone, non servono a chiarire ma a confondere. Il loro obiettivo è farvi vacillare, portarvi al limite, spingervi a una reazione che possano usare contro di voi. Se potete evitatele. Se proprio dovete rispondere fatelo con misura. Se siete provocati davanti ai figli non reagite. Mettete al sicuro i bambini anche solo allontanandovi. Non siete chiamati a giustificarvi. I figli comprendono più di quanto pensiate e con il tempo sapranno distinguere chi ha cercato la verità da chi ha cercato il potere.

In tribunale la giustizia ha bisogno di prove non di emozioni. Una persona buona se non si fa capire può essere fraintesa. Una persona manipolatrice se è lucida può convincere. Questo significa che bisogna prepararsi non solo con i documenti ma anche con la mente e con il cuore. Bisogna essere saldi, centrati, strategici.

Essere strategici non è mentire. È difendere la verità nel modo più efficace. Significa essere puri come colombe ma scaltri come serpenti. Non è solo un invito del Vangelo, è una guida per chi vuole uscire indenne da una relazione abusante. La verità da sola non basta. Va protetta, curata, fatta emergere con intelligenza.

Evitate di portare i figli nel conflitto. Non sono giudici, non sono alleati. Proteggeteli anche da voi stessi quando sentite che la rabbia vi sta per travolgere. Mettete un confine. Uscite dalla stanza. Respirate. Ogni vostra azione è un seme che un giorno darà frutto e da un seme buono può nascere una nuova vita. Anche la vostra.

Donne manipolatrici

Desidero affrontare un tema spesso trascurato ma fondamentale: quello delle madri manipolatrici, delle mogli tossiche, delle compagne narcisiste. Una tematica che per ragioni culturali e sociali è stata spesso oscurata dalla narrazione dominante, quella che declina il narcisismo al maschile come fosse prerogativa esclusiva degli uomini.

Il narcisismo non ha genere, non ha ceto sociale, non ha istruzione.

È un tratto caratteriale e comportamentale che può annidarsi in chiunque, uomini o donne.

Quando si parla di narcisismo materno si entra in un campo minato. La madre, nella nostra cultura, è sacra. La madre è "sempre la mamma" si dice. Un mantra ripetuto talmente tante volte da diventare dogma e proprio questo dogma rende ancor più difficile riconoscere e denunciare la tossicità quando proviene da colei che ha generato i nostri figli. Ci sono madri che manipolano, controllano, abusano emotivamente, distruggono il legame tra padre e figlio. Lo fanno con una precisione subdola, invisibile, silenziosa. Non alzano la voce, non colpiscono fisicamente ma ogni parola è una lama, ogni gesto è una strategia. Spesso chi subisce questi comportamenti non viene creduto. È difficile da spiegare, è difficile da dimostrare. È difficile ammettere di essere stati abusati da chi avrebbe dovuto proteggerci.

Esistono uomini che pur essendo padri presenti, amorevoli, dediti, vengono trattati come ostacoli. Vengono svalutati davanti ai figli, estromessi da decisioni importanti, accusati ingiustamente, trattati come nemici. Tutto questo per un solo motivo: mantenere il controllo. Questo controllo si esercita anche attraverso la giustizia. Ricordo ancora un caso di tanti anni fa in cui con grande fatica ottenemmo la collocazione delle figlie presso il padre dimostrando una reale inadeguatezza della madre. Fu una battaglia lunga, dolorosa ma giusta. Oggi si sta finalmente aprendo una breccia: anche nei tribunali si inizia a mettere in discussione il principio implicito della preferenza materna. Il cammino è, però, ancora lungo.

La manipolazione materna si insinua spesso sin dall'infanzia. Figli e figlie che non riescono a liberarsi, uomini che non riescono a costruire relazioni sane perché c'è una madre che continua a interferire, a giudicare, a determinare. È una catena invisibile che costringe all'obbedienza, alla dipendenza, al senso di colpa. Anche quando si diventa adulti, padri a propria volta, non si è liberi. Per questo è importante rompere il silenzio. È importante guardare dove nessuno vuole guardare. È importante smettere di giustificare l'ingiustificabile con frasi fatte come "è pur sempre tua madre". È importante riconoscere che ci sono madri e mogli che distruggono, che manipolano, che annientano. Così come determinati padri, ovviamente.

Spesso questi comportamenti si manifestano con forza nei momenti di crisi durante una separazione o un divorzio. È lì che la donna manipolatrice mostra il suo volto più feroce: usa i figli come strumenti di potere, li triangola, li plasma con la svalutazione dell'altro genitore. L'uomo, il padre, si ritrova solo a dover combattere per dimostrare il suo valore, per difendere il legame coi propri figli. Non sempre ha gli strumenti per farlo. Occorre conoscenza, consapevolezza, strategia. È necessario prepararsi, raccogliere prove, chiedere aiuto.

È necessario anche interrompere ogni forma di contatto manipolativo, compreso quello sessuale. Spesso il legame con una donna tossica si mantiene proprio attraverso un vincolo erotico che confonde, che avvolge, che trattiene.

Molti uomini non riescono a liberarsi proprio per questo: restano agganciati al ricordo di un'intimità che oggi è solo un'arma. La libertà richiede uno sforzo di volontà, un taglio netto, una rinuncia. Lì si misura l'amore per se stessi. Così come si misura l'amore per i propri figli nella capacità di proteggerli dalla manipolazione, di preservare la loro crescita da un modello tossico, di opporsi a chi cerca di cancellare l'altro genitore. Quando una madre parla male del padre davanti ai figli lo sta estromettendo lentamente dalla loro vita. Se il padre tace per paura di sembrare inopportuno compie un errore. Non è solo un diritto, ma un dovere quello di difendere il rapporto con i propri figli anche quando la strada è in salita.

La figura del padre, in ogni famiglia, è fondamentale. L'energia maschile, con la sua forza, la sua stabilità, la sua centratura, è essenziale per l'equilibrio di ogni famiglia. Così come lo è quella femminile. Quando una delle due manca o viene sabotata il figlio cresce zoppo, claudicante, carico di ferite invisibili. Tanti adulti che oggi vivono in relazioni tossiche sono stati bambini immersi in dinamiche familiari malate. Fermiamoci.

Guardiamo. Interveniamo. Se c'è bisogno chiediamo aiuto. Facciamolo per noi, per i nostri figli, per la verità.

Ricordiamoci che amare significa anche combattere per ciò che è giusto. Certe battaglie, pur essendo dolorose, sono necessarie. Restituire dignità a un padre significa restituire verità a un figlio. Restituire verità a un figlio significa salvare il suo futuro. Salvare il suo futuro significa salvare il mondo.

Liberarsi di un narcisista "covert"

Divorziare da un narcisista nascosto (cosiddetto covert) è una delle sfide più sottili e logoranti che si possano affrontare. Non si tratta solo di uscire da un rapporto ma di riconoscere una forma di manipolazione che agisce nell'ombra, senza clamore, senza evidenze apparenti. L'apparenza è spesso quella di una persona mite, perbene, persino umile. Dietro questa maschera si nasconde un bisogno profondo e costante di controllo convalidato da una rete di strategie manipolative che rendono la separazione non solo difficile ma anche emotivamente e mentalmente devastante.

Queste persone non si mostrano mai come "il problema". Anzi si presentano come coloro che subiscono. Sono coloro che fanno volontariato, che si mostrano devoti alla famiglia, che vengono percepiti dall'esterno come impeccabili. In casa il volto è un altro. Il loro stile di manipolazione è sottile, continuo, mascherato. Le loro critiche sono sempre velate, le loro osservazioni sempre "a fin di bene", i loro malumori nascosti in silenzi punitivi e segnali non verbali carichi di giudizio. Il loro abuso non ha mai l'apparenza della violenza ma ha la sostanza dell'annientamento.

Molte persone non riescono nemmeno a capire cosa stia succedendo. Sentono solo che stanno male. Che sono svuotate. Che ogni giorno in quella casa si sentono meno lucide, meno vive, meno libere. Quando la manipolazione è esercitata con questa astuzia – perché sì, i narcisisti nascosti sono astuti ma un'astuzia usata al servizio del controllo – è facile restare impigliati in dinamiche invisibili. Il partner non si accorge di essere manipolato o, se se ne accorge, non riesce a definirlo, a nominarlo, a comunicarlo. È come vivere in una stanza piena di gas: non lo vedi ma ti toglie l'aria.

Chi si separa da un narcisista nascosto deve sapere che non si troverà davanti una battaglia aperta. Si troverà davanti un'operazione chirurgica fatta di sottrazioni emotive, sottili campagne diffamatorie, raggiri legali, ricatti economici, triangolazioni con i figli e costruzione meticolosa dell'immagine di sé come "vittima". Dall'esterno spesso sembrerà che il problema sei tu.

Qui nasce la grande trappola: sentirsi in colpa. Quando il narcisista nascosto capisce che stai uscendo dal suo controllo, indossa la veste della vittima, capovolge la narrazione, ti fa sentire come il carnefice. Ti accusa di egoismo, di freddezza, di non comprendere e se non sei preparato ci credi. Vacilli. Torni indietro.

La separazione in questi casi non è solo una procedura legale. È un campo di battaglia. È una guerra silenziosa fatta di parole non dette, di messaggi passivo-aggressivi, di alleanze tessute nell'ombra. Per questo motivo è necessario prepararsi. Crearsi una rete di supporto. Scegliere un avvocato che conosca il diritto di famiglia ma che conosca anche la tossicità relazionale. Proteggere il proprio benessere mentale e il proprio equilibrio emotivo come se fossero beni di prima necessità.

Molti sottovalutano il livello di cattiveria di queste persone. Pensano che tutto si risolverà con il buon senso. Pensano che una separazione consensuale sia possibile. Spesso dietro il volto mite, però, c'è un disegno. Una strategia. Bisogna essere pronti. Pronti a vedere l'invisibile, a non cedere davanti al silenzio, a mantenere la propria lucidità anche quando tutto intorno sembra negarti.

C'è chi arriva alla separazione già distrutto. Svantaggiato psicologicamente, economicamente, socialmente. Proprio in quel momento è necessario radunare le ultime forze. Avere il coraggio di dire no. Di dire basta. Di tagliare il collegamento emotivo, mentale, inconscio con quella persona. Ogni canale ancora attivo è una potenziale porta per il veleno.

Il narcisista covert sa dove colpire. Conosce le tue vulnerabilità, le tue paure, i tuoi sensi di colpa. Li userà. Li userà per farti cedere, per farti tornare, per farti implodere. Per questo quando si decide di uscire bisogna tagliare netto. La decisione è un atto sacro: vuol dire tagliare via tutte le alternative. Vuol dire costruirsi una vita nuova, libera, consapevole.

Il sistema legale non è sempre pronto a riconoscere questo tipo di abuso. Ecco perché servono operatori preparati. Soprattutto servono persone consapevoli. Servi tu. Tu che stai leggendo e che sai che queste parole parlano di te. Tu che hai vissuto la confusione. Tu che hai sentito il vuoto. Tu che hai pianto nel silenzio.

Oggi la tua battaglia è anche la battaglia di tanti altri. Ogni separazione da un narcisista nascosto è una battaglia per la verità, per la giustizia, per la dignità. Non sei solo. Non sei sola. Se hai avuto il coraggio di decidere sei già a metà del cammino. Il resto si costruisce un passo alla volta con la mente lucida, il cuore presente e l'anima pronta a rinascere.

PARTE IV LA SEPARAZIONE TOSSICA

La tossicità nelle separazioni e nei divorzi

Separarsi da un partner tossico significa inevitabilmente che anche la separazione sarà tossica. È una conseguenza quasi automatica, come se la tossicità relazionale si propagasse mutando forma ma non sostanza e infettando anche il processo di distacco. Esiste soltanto una situazione in cui una relazione tossica non genera una separazione altrettanto tossica: ed è quella in cui la vittima accetta ogni singola condizione imposta dal partner tossico. Questa non è una vera soluzione, è una resa. Come spesso accade in questi casi, il partner tossico - percepita la totale arrendevolezza - alza il tiro. Sente di avere pieno potere e forte di questo intensifica la sua aggressività portando la dinamica a livelli spesso indescrivibili.

Perciò se scegli di tutelare te stesso, se decidi di proteggere i tuoi figli, se ti metti al servizio dei tuoi diritti e della tua dignità non potrai accettare condizioni capestro. Non lo potrà fare una persona sana, consapevole, lucida. Proprio questo atto di difesa scatenerà la reazione del partner tossico trasformando inevitabilmente la separazione in un terreno di conflitto, manipolazione, sabotaggio. Sarà tossica. Non potrebbe essere altrimenti.

Tuttavia per chi ha vissuto a lungo in una relazione tossica questa nuova tossicità – quella della separazione – per quanto dolorosa ha un volto nuovo. Porta con sé una novità, un cambiamento. È come una ferita che pur facendo male annuncia che qualcosa si sta rompendo ma anche che qualcosa si sta liberando. C'è un alibi potente, una forza invisibile che sostiene: questa separazione nasce per salvarsi. Non illuderti: sarà comunque tossica. Lo sarà anche il divorzio, lo sarà ogni modifica futura, ogni dialogo legale, ogni accordo. Le persone tossiche rendono tossico tutto ciò che toccano soprattutto quando sentono che il loro potere sta per svanire.

È importante che tu, che stai affrontando questo percorso, lo dica chiaramente al tuo avvocato. Non dare per scontato che conosca questo tipo di dinamiche. Non tutti gli avvocati hanno familiarità con le relazioni tossiche. Alcuni pur validi nel diritto non sono preparati ad affrontare il disagio emotivo, il caos relazionale, il peso psicologico che una separazione tossica comporta. Per questo è fondamentale che tu riconosca di essere uscito – o di essere ancora dentro – a una relazione tossica. Soprattutto quando scegli chi ti rappresenta legalmente assicurati che abbia esperienza concreta in separazioni ad alto tasso di tossicità.

Una separazione tossica non è solo un carico per te. È un carico anche per il tuo avvocato.

Un carico che può diventare insostenibile se non gestito con la giusta preparazione, sensibilità e determinazione.

Chi vive o ha vissuto una relazione tossica deve sapere che la battaglia vera non finisce con l'addio.

Inizia lì. Solo con le giuste alleanze può trasformarsi in un cammino di liberazione.

Caratteristiche della separazione tossica

Una separazione tossica è un'esperienza totalizzante, logorante e pericolosamente distruttiva. Non è solo la fine di una relazione ma l'esplosione di un conflitto che invece di placarsi si intensifica fino a travolgere ogni ambito della vita. È caratterizzata da un clima continuo di manipolazione, di tensione crescente, di preoccupazioni che non si spengono mai. La persona che si trova coinvolta in una separazione tossica vive in uno stato di agitazione cronica soggetta a un pressing emotivo e psicologico senza tregua.

La comunicazione, invece di essere un mezzo per trovare soluzioni, diventa l'arma principale del conflitto. Si moltiplicano i messaggi, le mail, le pec, le richieste assurde e fuori da ogni logica. Vengono sollevate istanze e questioni prive di fondamento giuridico ma utili a creare caos e logorare l'altro. Spesso si assiste ad un abuso economico: il partner tossico smette di contribuire anche solo minimamente al sostentamento della famiglia, fa mancare il mantenimento, ostacola ogni forma di collaborazione. Nel frattempo presenta richieste del tutto scollegate dalla realtà, usa il denaro come strumento di potere e punizione.

L'aspetto più inquietante però è il quotidiano: il clima tossico si manifesta nella gestione delle piccole cose. Si litiga davanti ai figli, si crea un ambiente di tensione continua, si usano i bambini come strumenti di ricatto, si triangola attraverso di loro generando confusione, senso di colpa e disorientamento. Il partner tossico diventa un elemento disturbante e destabilizzante anche solo con la sua presenza.

Non finisce qui. Purtroppo a volte la tossicità si estende anche ai professionisti coinvolti. Ci sono avvocati che non solo non aiutano a risolvere ma alimentano il conflitto con il loro ego, con la loro incapacità di stare un passo indietro rispetto al bisogno del cliente. Il narcisismo, l'arroganza, l'indifferenza al dolore reale toccano anche avvocati, giudici, consulenti trasformando quella che dovrebbe essere una battaglia per la verità e la giustizia in una guerra di potere dove ognuno vuole vincere qualcosa anche a costo della sofferenza altrui.

In questo scenario immaginare di raggiungere un accordo è quasi utopico. Ecco perché nel momento in cui si percepisce che si sta entrando in una separazione tossica è necessario muoversi subito. Attendere è un errore. L'unica àncora possibile in quel caso è ottenere un provvedimento temporaneo che inizi a regolamentare le cose. Un'assegnazione della casa, un mantenimento, una collocazione dei figli: qualcosa che almeno formalmente fissi dei confini.

La fase che intercorre tra la richiesta di separazione e la prima udienza è una delle più insidiose. È la terra di nessuno. È meno regolamentata e, quindi, meno regolabile. In questo tempo sospeso si consumano i maggiori abusi. Chi ne soffre di più spesso sono proprio i bambini. Bambini costretti ad assistere a guerre che non capiscono, a vivere in atmosfere pesanti, inquinate e prive di stabilità.

Come gestire una separazione tossica

Gestire una separazione tossica è un processo che varia profondamente in base alla situazione specifica, al grado di tossicità del partner, alla nostra consapevolezza della sua natura manipolativa ma anche – e forse soprattutto – alla consapevolezza che abbiamo di noi stessi. Perché molto spesso, chi affronta una separazione da un partner tossico tende a pensare che tutta la tossicità sia dall'altra parte, dimenticando quanto tempo si è stati immersi in quella relazione, quanto ci si sia adattati, quanto si siano accettate dinamiche distruttive. Quando si accettano a lungo queste dinamiche, inevitabilmente qualcosa di quella tossicità entra dentro, diventa parte del nostro modo di stare al mondo, di reagire, di difenderci. Questo non significa colpevolizzarsi significa comprendere il peso di ciò che si è vissuto, osservarlo, riconoscerlo e passo dopo passo iniziare a liberarsene. In una separazione tossica la posta in gioco è altissima. Se la tossicità tocca elementi fondamentali come la libertà, la salute, l'integrità psicologica o la tutela dei figli diventa impensabile aspettare un accordo. In queste situazioni credere che si possa giungere pacificamente a una mediazione è spesso un'illusione pericolosa. I tribunali poi aggiungono un ulteriore livello di complessità. Nonostante la legge preveda che la prima udienza debba essere fissata entro tre mesi, nella realtà dei fatti questo termine viene spesso disatteso. Ci si trova così a dover attendere per mesi prima che un giudice possa semplicemente iniziare a mettere ordine nel caos, dando almeno una collocazione, un mantenimento, un confine.

Il tempo che precede la prima udienza è spesso il più rischioso. In questa fase il partner tossico mette in atto la maggior parte delle sue strategie più sottili. Accetta trattative solo per guadagnare tempo, non certo per trovare un punto d'incontro. Finge di collaborare per poi strumentalizzare ogni messaggio, ogni parola, ogni cedimento. Costruisce una narrazione alternativa funzionale a screditare, a confondere, a manipolare. È il tempo dei cambi di lavoro improvvisi, dei licenziamenti strategici, delle richieste di collocazione paritetica avanzate non per un reale interesse verso i figli ma per non perdere la casa o per punire chi ha osato mettere fine alla relazione.

È anche il tempo in cui all'improvviso chi non si è mai interessato davvero ai figli inizia a farlo in modo spasmodico e quasi grottesco. Quell'interesse troppo spesso è fittizio, costruito, finalizzato a dimostrare qualcosa davanti a un giudice ovviamente non è amore ma è una strategia processuale.

Per tutto questo è fondamentale capire che in una separazione tossica non si può restare troppo a lungo nella fase prodromica. È una zona grigia in cui avvengono i maggiori abusi perché ancora non è stato fissato alcun confine. È il momento più vulnerabile ed è anche quello in cui bisogna essere più lucidi. In questi casi la tempestività diventa una forma di salvezza. Attendere, mediare, sperare nella ragionevolezza di chi ha sempre manipolato significa solo esporsi ulteriormente al danno. Ecco perché è necessario agire, proteggersi, prepararsi. Una separazione tossica per quanto dolorosa può essere anche l'inizio di una ricostruzione. Solo se si ha il coraggio di affrontarla per quello che è, senza più sconti né illusioni.

Quando inizi tu

Quando sei tu a iniziare la separazione è molto diverso rispetto a quando la subisci. Anche se nell'aria c'è da tempo un senso di fine, anche se lo avverti in ogni gesto, parola o silenzio, ricevere una lettera da parte dell'avvocato dell'altro è comunque un colpo. Qualcosa dentro si muove, si smuove, si apre. Per quanto si possa essere preparati, per quanto si possa intuire che qualcosa stia per accadere, il momento in cui ricevi quel documento resta comunque uno spartiacque.

Partiamo da una posizione specifica. Sei in una relazione tossica. L'hai compreso. Hai iniziato un percorso interiore, ti sei informato, hai letto, ti sei aperto alla consapevolezza. Ti sei affacciato sul mondo della separazione con la volontà di liberarti, di salvarti. Non è una scelta impulsiva è una scelta maturata nel tempo, dopo aver osservato e riconosciuto i meccanismi manipolativi, i comportamenti distorti, il danno continuo che quella relazione ti sta causando. Adesso sei pronto a fare il passo.

Il primo passo concreto è scegliere il tuo avvocato. Non è una formalità. È una decisione che cambia il corso della tua storia. L'avvocato non è solo un tecnico, non è solo colui che scriverà gli atti o ti rappresenterà in giudizio. È il tuo tramite. È colui che dovrà conoscere non solo la tua situazione legale ma anche tanti aspetti della tua vita, della tua storia, delle tue emozioni. Ecco perché è fondamentale scegliere qualcuno di cui hai profonda fiducia.

Non è una scelta che si fa alla leggera. Un buon avvocato, soprattutto in questi casi, non è solo competente in diritto. Deve vivere la sua professione con passione e con vocazione. Deve avere una preparazione specifica nel diritto di famiglia ma ancor di più una sensibilità affinata per le dinamiche relazionali tossiche. Se è vero che oggi ci sono molti avvocati matrimonialisti, è anche vero che sono ancora pochi quelli che affrontano quotidianamente separazioni ad alto tasso di manipolazione, abuso psicologico e triangolazioni emotive con estrema consapevolezza.

C'è un altro punto fondamentale. Il tuo avvocato deve assomigliarti. Non nelle caratteristiche esteriori ma nei valori. Se sei una persona mite e trovi un avvocato abituato a combattere ogni questione come fosse guerra totale, probabilmente sentirai disagio. Allo stesso modo, se hai una personalità più combattiva e scegli un avvocato troppo prudente, potresti sentirti frenato, non difeso come vorresti. La relazione funziona solo se c'è risonanza, se c'è comprensione, se c'è una visione comune. Devi poterti fidare, affidare, riconoscere.

Per questo vale sempre la pena impiegare più tempo nella scelta del giusto professionista piuttosto che precipitarsi nella prima soluzione disponibile per poi pentirsene. La fiducia in un avvocato, soprattutto in un percorso così intimo e complesso quale è la separazione e il divorzio da una relazione tossica, deve essere sacra. È il fondamento di ogni relazione professionale efficace.

Se sei tu ad aver ricevuto la famosa lettera che segna l'inizio della separazione, ricorda che anche in quel gesto c'è un segnale importante: stai per iniziare il tuo viaggio. Sebbene tu non abbia scelto il momento, puoi scegliere come affrontarlo, da chi farti accompagnare, con quale spirito attraversarlo.

Quando la subisci

Se la separazione non è stata una scelta tua è fondamentale non avere fretta. La pressione che spesso si prova in questi momenti è comprensibile ma bisogna capire che i termini indicati dall'avvocato non sono perentori in senso giuridico. Sono semplicemente delle scadenze indicative, spesso pensate per avviare una trattativa o una discussione, non sono legati a obblighi immediati e stringenti. Anche se hai ricevuto una lettera dall'avvocato del tuo partner ricorda che non è necessario agire impulsivamente. Se non ci sono richieste estremamente urgenti o aggressive, è meglio procedere con calma, valutando le opzioni e preparandoti alla discussione con un'adeguata riflessione.

Spesso in questi casi l'invito è quello di avviare una trattativa, ti consiglio di non farlo direttamente tu con il suo avvocato soprattutto se le emozioni sono ancora forti e manca in te lucidità e competenza nel tutelare la tua posizione. Trattare attraverso il proprio avvocato invece è la scelta più sensata. Qui si ricollega il discorso di come scegliere l'avvocato giusto. Se già ti trovi in una fase di crisi, magari dopo aver avuto dei contrasti evidenti, è fondamentale guardarti intorno e informarti. Prendersi del tempo per capire quale avvocato possa essere la persona giusta per te è essenziale.

Questa riflessione non riguarda solo il singolo individuo che sta affrontando una separazione ma anche il ruolo degli avvocati. La divulgazione è un passo importante sia per gli avvocati sia per i futuri clienti. I social network, i siti web, i convegni o altre occasioni di incontro possono essere strumenti utili per far conoscere le competenze di un avvocato. Danno la possibilità alle persone di scegliere con consapevolezza e di rivolgersi al professionista giusto per sé. Molto spesso, quando una persona si trova in crisi, si rivolge ad amici o parenti che sono avvocati. Tuttavia sconsiglio vivamente di affidarsi ad amici o parenti. Il diritto di famiglia è un ambito troppo delicato, che tocca tematiche personali e intangibili. La personalizzazione in questo contesto diventa difficile da evitare e un avvocato, pur volendo mantenere un approccio oggettivo, potrebbe trovarsi a fare fatica a separare il suo ruolo professionale da quello di amico o familiare.

Un principio che ho sempre seguito è quello di non accettare divorzi o separazioni per persone al cui matrimonio sono stato invitato. Questi legami emotivi rischiano di interferire con il mio ruolo di avvocato, facendo sì che il caso venga trattato con una visione troppo personalizzata.

Per questo è sempre una buona idea scegliere un avvocato già in una fase di crisi, anche se non si è ancora formalizzata la propria volontà separativa. Così facendo avrai già un punto di riferimento e un professionista con cui confrontarti, senza dover agire in modo impulsivo nel momento di massima tensione. La scelta giusta di un avvocato è cruciale per il corretto svolgimento della separazione e per proteggere i tuoi diritti.

Dalla lettera alla prima udienza

Dal momento in cui inizia una separazione, sia che la decisione venga presa volontariamente sia che venga subita, il partner tossico inizia a manifestare il peggio di sé. Si entra in una terra di mezzo, una fase di transizione in cui, salvo casi eccezionali, non ci sono ancora provvedimenti giudiziari. In questa zona grigia dove manca un'autorità regolatrice, la legge diventa quella del partner tossico che approfitta del vuoto normativo per imporsi, abusare, triangolare, minacciare, raccogliere prove, registrare conversazioni e generare paura. È una fase in cui il disordine regna sovrano in cui il partner tossico mostra tutta la sua capacità di manipolazione e controllo.

Quando non ci sono situazioni gravi e conclamate, come episodi evidenti di violenza fisica o psicologica estrema e non è ancora stato emesso un provvedimento da parte del giudice, tutto viene regolato in autonomia. Il problema è che in presenza di un partner tossico ogni tentativo di accordo pacifico si rivela una trappola. L'altro genitore, se non tossico, cercherà di tutelare i figli e mantenere la calma. Il partner manipolativo utilizzerà questa fase come terreno fertile per incrementare la propria influenza negativa: agirà nell'ombra, raccoglierà informazioni, tenterà di destabilizzare psicologicamente, eserciterà un potere silenzioso e pericoloso.

Questo è il periodo più difficile da gestire: si è avviato un percorso di separazione, non c'è ancora un'azione concreta e protettiva del Tribunale. È fondamentale comprendere che se le richieste del partner sono completamente distanti dalle vostre, non ha senso aspettare e alimentare false speranze. Il tempo che viene lasciato aperto in questa fase serve solo al partner tossico per radicarsi ancor di più nella dinamica di potere e paura. Ogni giorno che passa può essere un giorno in cui la manipolazione si fa più sottile e invasiva, in cui la confusione cresce, in cui il controllo diventa invisibile ma totalizzante.

Aspettare ha senso solo quando si ha a che fare con un partner collaborativo con cui si può costruire un dialogo fondato sulla fiducia e sul rispetto reciproco. In tutti gli altri casi ogni trattativa è uno spazio in cui il partner tossico mette in scena la sua strategia. Per questo motivo è necessario in presenza di segnali evidenti muoversi con decisione e avviare rapidamente un procedimento giudiziario che possa fornire almeno un provvedimento temporaneo. Solo così si può iniziare a riequilibrare i poteri in campo, a stabilire confini chiari, a proteggere se stessi e i figli da un uso distorto e violento della separazione. In questa fase iniziale ogni esitazione può diventare un'arma nelle mani del manipolatore.

L'approccio dell'avvocato

In questa fase così delicata, che va dalla preparazione alla separazione fino all'udienza dinanzi al giudice, serve una grandissima abilità da parte degli avvocati. Mi riferisco a quei professionisti che non solo conoscono il diritto ma che sanno leggere la tossicità delle dinamiche relazionali, che sanno ascoltare, che non vogliono alimentare il conflitto e che mettono al centro come priorità assoluta il benessere dei figli.

Lavorare in queste condizioni è complesso. È difficile far ragionare un cliente profondamente ferito, impaurito, talvolta esasperato. È ancora più difficile spiegare quanto sia essenziale tenere fuori i ragazzi da questa dinamica. Ecco allora che in certi momenti la strategia migliore diventa quella di condurre con pazienza, accompagnando il cliente verso la prima udienza, cercando di non far saltare i nervi, evitando reazioni impulsive. Dalle mie parti si dice "portare il carretto per la discesa" e rende bene l'idea: serve una conduzione morbida ma vigile, che non sottovaluti la pericolosità dell'altro ma che allo stesso tempo sappia attendere il momento giusto per agire.

Quando però la situazione diventa troppo grave e il tempo stesso si trasforma in un fattore di rischio, allora è necessario ricorrere agli strumenti offerti dal codice di procedura civile, in particolare quelli legati all'urgenza. L'urgenza in questi casi non è un vezzo né un capriccio: è lo strumento che consente di proteggere il diritto quando l'attesa stessa può causare un danno irreparabile. Penso, ad esempio, a situazioni di pericolo per i figli, alla necessità immediata di un provvedimento che fermi una condotta lesiva. Bisogna anche essere consapevoli che i Tribunali, salvo casi davvero eccezionali, sono molto cauti nel concedere provvedimenti urgenti. Lo sono perché sanno che ogni urgenza è anche una richiesta di priorità e che le risorse disponibili – soprattutto in termini di magistrati – sono limitate e insufficienti rispetto al bisogno di giustizia che il Paese esprime.

Ecco perché in attesa del primo provvedimento ufficiale serve da parte dell'avvocato un approccio duplice: da un lato vigile, attento, pronto ad agire qualora la situazione lo richieda; dall'altro capace di contenere, di non allarmare inutilmente, di non buttare benzina sul fuoco. Le separazioni tossiche sono già abbastanza incendiarie di per sé: non servono avvocati che aggiungono combustibile ma professionisti che sappiano con autorevolezza contenere le fiamme.

È proprio in questo che si gioca la vera alleanza tra cliente e avvocato: non nella guerra ma nella lucidità. Può darsi che, presi dalla frustrazione, dalla rabbia, dalla stanchezza, desideriate un avvocato belligerante, uno che entri subito in battaglia per difendere la vostra causa. Ci sta. È umano. Vi dico da chi queste battaglie le combatte ogni giorno che la rabbia può portare a un risultato immediato ma non costruisce nulla di solido. È la lucidità, la competenza, la strategia che fanno la differenza. È la capacità dell'avvocato di mantenere la rotta, anche quando il mare si fa agitato, che può salvare non solo una causa ma la serenità futura vostra e dei vostri figli.

Scegliete quindi un avvocato che abbia uno stile che vi rappresenti. Non uno che vi asseconda nelle vostre ferite ma uno che le riconosce e vi guida verso la guarigione. Non un guerrafondaio ma un professionista che sa quando combattere e quando invece è il momento di attendere. L'obiettivo non è vincere una guerra ma uscirne vivi, sani e possibilmente in pace con se stessi.

I figli nella tossicità

La questione dei figli all'interno di una relazione tossica è una delle più complesse e delicate. È un tema vastissimo, che tocca corde profonde e che meriterebbe da solo un intero volume di approfondimento. In questo libro posso solo offrirti una panoramica, lasciandoti poi la possibilità di approfondire in altri spazi di consulenza o nei percorsi di conoscenza che condivido attraverso i miei canali (visita il sito **www.armandocorsini.it**).

Vivere dentro una relazione tossica è sicuramente dannoso per la vittima diretta ma è ancora più devastante per i figli.

Questo è un principio essenziale che troppo spesso viene ignorato o minimizzato.

Si tende a pensare, con una logica distorta e fuorviante, che rimanere insieme nonostante la tossicità sia comunque meglio per il bene dei bambini. Questo è un grandissimo errore, forse uno dei più dolorosi e pericolosi.

La verità è che molto frequentemente i genitori finiscono per utilizzare i figli come scudo o come alibi per non porsi domande più profonde. Si ripetono, forse per consolarsi o forse per giustificarsi: "Resto per il bene dei figli" ma questa è una bugia. In realtà, restando in una relazione tossica, non si sta restando per i figli: si stanno costringendo i propri figli a vivere all'interno di una relazione tossica e questo cambia completamente la prospettiva.

I figli hanno il diritto di vedere i loro genitori vivere relazioni sane.

Se questo non è possibile, se non c'è speranza di costruire un rapporto autentico e rispettoso tra i due genitori, allora è molto meglio che quella relazione finisca. È un pensiero difficile da accettare, lo so, ma va accolto con coraggio.

Una relazione tossica, anche se mascherata dalla convivenza o dalla facciata della famiglia unita, è peggiore di una qualsiasi relazione. Una relazione dannosa lascia cicatrici ben più profonde di quelle lasciate da una separazione.

Ogni volta che ti senti ripetere dentro di te, quasi come un mantra di consolazione, "resto per il bene dei miei figli" ti invito a riformulare questa frase con onestà. Non è che stai restando per il loro bene. Stai scegliendo consapevolmente di far vivere ai tuoi figli la tossicità della relazione tra i loro genitori perché hai deciso che questa sia una soluzione migliore rispetto a una liberazione. È una scelta ed è una scelta di cui ciascuno deve assumersi la piena responsabilità.

Ti parlo anche da figlio, non solo da professionista. Ho vissuto personalmente l'esperienza di essere figlio in mezzo a una relazione tossica tra i miei genitori. Da bambino, dentro di me, non desideravo tanto che i miei genitori si riconciliassero — sapevo, in fondo, che non sarebbe stato possibile — ma avrei voluto che tra loro non ci fosse tossicità. Oggi, da adulto, posso dirti con assoluta chiarezza che avrei preferito mille volte non vivere la loro relazione tossica. Avrei preferito che si fossero separati e che ciascuno avesse ritrovato una propria serenità piuttosto che restare prigioniero di quell'ambiente carico di tensione, dolore e sofferenza.

Molte delle ferite che ancora oggi porto dentro di me, molte delle dinamiche che ho dovuto e devo ancora sciogliere, nascono proprio da quell'esperienza. Non te lo dico per condannare i miei genitori perché nessuno ha il diritto di giudicare chi, a suo modo, ha cercato di fare il meglio che poteva con gli strumenti che aveva. Te lo dico come testimonianza autentica, vissuta sulla mia pelle, di chi sa quanto pesi su un figlio una relazione tossica protratta nel tempo.

Ricorda sempre: i figli hanno bisogno di verità, di serenità, di amore pulito.

Se non possono riceverlo da una relazione tra i due genitori, è più saggio costruire la pace separatamente piuttosto che mantenerli imprigionati in un conflitto che li segnerà per tutta la vita.

Vivere una relazione tossica e avere anche dei figli rende la situazione ancora più difficile e dolorosa. Se già da adulto, nella tua esperienza diretta, soffri per la dinamica tossica, puoi immaginare quanto o più i tuoi figli possano soffrire a causa di essa.

Tuttavia questa convinzione non è sempre del tutto corretta. Sebbene i figli possano certamente percepire la sofferenza, non è detto che vivano il dolore nello stesso modo in cui lo vivi tu.

I figli infatti possono soffrire in modi diversi. Sentono la sofferenza derivante dall'assenza d'amore, dalla costante presenza di litigi, urla e offese ma anche dalla freddezza che spesso accompagna una relazione tossica. La sensazione di non essere ascoltati, di essere invisibili o di non ricevere l'affetto che un bambino ha bisogno di percepire può essere altrettanto dannosa. Nonostante tutto questo, non possiamo affermare che i figli vivano lo stesso dolore che proviamo noi come genitori.

Una persona tossica non è tossica per tutti. Questo aspetto può essere destabilizzante ma è importante accettarlo: quella persona può essere la più dannosa per te, non necessariamente lo sarà per tutti gli altri, nemmeno per i tuoi figli. Spesso accade che, quando sei immerso nella sofferenza di una relazione tossica, proietti quella stessa sofferenza sui tuoi figli immaginando che anche loro stiano vivendo lo stesso dolore. Non è sempre così. Sebbene tu possa sentirti sopraffatta dal dolore, è fondamentale ricordare che i tuoi figli potrebbero non vivere la situazione nello stesso modo.

Inoltre, se una persona è tossica con te, non è detto che con gli altri, compresi i tuoi figli, agisca con lo stesso comportamento. Spesso, una persona tossica può saper mascherare la sua tossicità agli occhi degli altri, compiendo abusi e manipolazioni che sono rivolti esclusivamente verso di te. Questo è un aspetto cruciale da comprendere nel tuo percorso di liberazione dalla relazione tossica: si tratta di un percorso personale, che riguarda te e il tuo benessere emotivo. Lavorare su te stessa per comprendere e neutralizzare le manipolazioni, le offese e gli abusi che subisci è essenziale per il tuo recupero.

Capire che ciò che una persona tossica dice, fa e afferma può avere un impatto enorme su di te ma che lo stesso comportamento potrebbe non avere lo stesso effetto sugli altri è un passo importante. Le sue azioni e parole possono essere devastanti per te ma per gli altri potrebbero passare inosservate. In questo processo di liberazione può accadere che tu non venga creduta, nemmeno dai tuoi figli, e questo aggiunge un altro livello di frustrazione. È importante non colpevolizzarti per questo: il percorso di liberazione riguarda te, la tua crescita e il tuo benessere.

Focalizzati su di te, sulla tua guarigione e su come puoi affrontare la manipolazione senza permetterle di influire negativamente su chi sei e sulle tue azioni future.

Non mi fai più niente (o quasi)

Voglio raccontarti questa storia per due ragioni importanti. La prima è perché tu comprenda che non ti sto parlando in astratto, in modo teorico o da osservatore esterno, ti sto parlando da chi ha vissuto sulla propria pelle tutto ciò di cui scrive. La seconda ragione nasce da un'esigenza profondamente pratica, concreta, che potrà esserti utile nel tuo percorso di liberazione.

Quando ho vissuto l'esperienza di una relazione tossica, ogni gesto, ogni parola, ogni atteggiamento della persona con cui ero coinvolto diventava una ferita aperta. Era come se tutto quello che faceva, anche la minima provocazione, fosse capace di tenermi giorni interi nel dolore più profondo. Non era solo un dolore emotivo. Era un dolore fisico, reale, che si irradiava in ogni parte del corpo e dell'anima. Ogni volta sembrava una condanna a ripetere la stessa sofferenza. Ho deciso di lavorare su me stesso, di mettermi al centro di un cammino di guarigione autentico. Ho affrontato le mie ferite, ho scavato nell'autostima, ho riconosciuto la mia dipendenza emotiva, le mie aspettative, ho smascherato i pensieri tossici, ho guardato in faccia i meccanismi interiori che mi inchiodavano a quella prigione. Giorno dopo giorno, appuntando su un diario quello che vivevo, osservando ogni emozione e ogni ricaduta, ho visto con chiarezza che esisteva un copione che si ripeteva ciclicamente.

È stato in quel momento che ho compreso qualcosa di potente: i comportamenti di quella persona non cambiarono, rimasero gli stessi. La mia reazione sì, cambiò radicalmente. Le stesse manipolazioni, le stesse cattiverie, gli stessi giochi psicologici non producevano più in me quell'effetto deflagrante di un tempo. Era come se fossi diventato impermeabile, come se avessi finalmente costruito uno scudo che non permetteva più alla loro tossicità di raggiungermi nel profondo. Con questo voglio dirti una cosa essenziale: puoi e devi avere tutte le tutele legali del mondo, i provvedimenti, le ordinanze, le sentenze. Perché questi strumenti non restino solo carta straccia è necessario che tu faccia anche un profondo lavoro interiore. Questo lavoro è la chiave per spezzare le catene invisibili che ti legano ancora a quella persona.

Scrivi, rifletti, osserva te stesso ogni giorno. Arriverà il momento, te lo garantisco con tutto me stesso, arriverà quel momento in cui i suoi comportamenti non ti faranno più alcun effetto.

Esisterà un punto in cui sentirai quella libertà interiore che hai tanto desiderato.

Naturalmente qui sto parlando di tossicità che si esprime in forma latente: frecciatine, mancanza di rispetto, abusi psicologici, terrorismo economico, tradimenti, sottili cattiverie quotidiane.

Se mai dovessi trovarti di fronte a comportamenti violenti, abusi fisici o minacce gravi, non esitare un solo istante: chiama immediatamente le forze dell'ordine, proteggiti e denuncia.

La tua sicurezza viene prima di tutto.

Quando si tratta di quella tossicità strisciante, invisibile agli occhi degli altri ma devastante per chi la vive, sappi che esiste un cammino di liberazione.

Ne sono testimone io stesso. Ne sono testimoni anche tutte le persone che ho accompagnato in questo percorso, che hanno guardato dentro di sé, che hanno smesso di aspettare il cambiamento dall'altro, che hanno scelto di trasformare se stesse.

Ti assicuro che è possibile. Un passo alla volta, una relazione tossica alla volta, possiamo saldarci e saldare questo mondo, rendendolo un posto più sano e libero. Non è solo un auspicio: è una certezza maturata nell'esperienza.

I figli sentono tutto

La questione dei figli nelle relazioni tossiche è profondamente legata alla loro età, perché è evidente che i bambini molto piccoli, per la loro natura, non possono essere pienamente consapevoli di certe dinamiche. C'è una convinzione che sento radicata dentro di me e che voglio condividere: i bambini, anche quando sono molto piccoli, a livello profondo, vibrazionale, a livello di anima, sono molto più grandi di quello che sembrano.

Personalmente, quando i miei figli erano piccoli, non ho mai parlato loro come se fossero semplicemente dei bambini da proteggere con le bugie. Ho sempre scelto di rivolgermi a loro come a persone, come a esseri con un'anima grande, naturalmente con tutto l'amore possibile ma sempre con rispetto verso la loro profonda capacità di comprendere. Perché la verità è questa: un bambino, anche piccolo, percepisce la verità molto più di quanto immaginiamo.

Nella relazione tossica il punto di partenza è non cadere nell'errore di nascondere tutto. Molti genitori, in buona fede, pensano che fingere o nascondere sia un modo per proteggere i figli. La verità è che i bambini capiscono comunque. Sentono tutto. Anche se non afferrano le parole, assorbono l'energia, percepiscono il non detto.

Se fingete, se vi sforzate di mascherare la verità, loro continueranno comunque a percepirla e quello che impareranno non sarà la serenità bensì l'arte della negazione.

Negare il proprio dolore davanti a un bambino non significa proteggerlo dal dolore stesso. Significa, al contrario, insegnargli che la negazione è una via migliore rispetto alla verità e alla soluzione.

Questo, a lungo andare, è un insegnamento pericoloso. Per questo motivo la scelta più sana è essere autentici. Non si tratta di riversare sui figli il proprio peso né di coinvolgerli nei dettagli dolorosi della separazione o del conflitto.

Si tratta, piuttosto, di parlare da cuore a cuore, con sincerità e con misura ma senza negare la realtà.

Questo cambiamento di orientamento, da una comunicazione finta a una comunicazione vera, è il primo passo fondamentale nel percorso di chi vive una relazione tossica e desidera proteggere i propri figli senza fuggire dalla verità. È un'esperienza che la vita ti porta a vivere anche attraverso gli occhi di un bambino. Te lo dico con la consapevolezza di chi, da bambino, ha vissuto in prima persona la tossicità del rapporto dei propri genitori.

Guardando indietro oggi posso riconoscere che, anche grazie a quella storia, sono diventato ciò che sono. Nonostante il dolore, quella esperienza mi ha forgiato.

Ecco perché è così importante vivere le cose senza negare, giorno dopo giorno, con sempre maggiore autenticità man mano che i figli crescono. Ogni verità detta con amore è un seme che cresce forte dentro di loro.

Ricordo bene una mia cliente, una donna profondamente esasperata, quasi distrutta, intrappolata in una relazione tossica dalla quale non riusciva a liberarsi.

Non era il coraggio a mancarle in senso assoluto, era il pensiero fisso e doloroso dei figli. Era convinta che una separazione avrebbe fatto soffrire profondamente i suoi bambini. Questo pensiero la paralizzava.

Per un anno intero ha rimandato la decisione.

Avevo compreso da subito che il vero ostacolo era proprio quello: la paura del dolore che, secondo lei, la separazione avrebbe provocato nei figli.

Così l'ho accompagnata in un lavoro profondo, delicato ma necessario, sostenendola anche grazie alla collaborazione con una terapeuta infantile.

Era importante che lei arrivasse ad accettare dentro di sé quella sofferenza temuta, riconoscendo che il dolore non stava nella scelta della separazione ma nella permanenza dentro una relazione tossica.

La cosa meravigliosa, sorprendente e commovente fu che, dopo un anno di questo lavoro paziente, finalmente decise di parlarne con i suoi figli. Erano piccoli: otto e dieci anni appena. Nonostante la giovane età, quando la madre iniziò ad aprirsi e a manifestare il suo disagio, furono loro a spiazzarla con la loro lucidità. "Mamma" le dissero "noi lo sappiamo benissimo che tu stai soffrendo. Perché hai aspettato tutto questo tempo".

Molto spesso sono convinti che il silenzio protegga i nostri figli. Pensiamo che, se non diciamo nulla, se non manifestiamo il nostro dolore, loro non se ne accorgeranno. Ci sbagliamo. I bambini, i nostri figli, sono collegati a noi in modi profondissimi che superano la parola. A livello energetico, emotivo, mentale, fanno parte del nostro stesso sistema. Sentono tutto, sanno tutto anche se noi ci illudiamo di nascondere.

All'inizio, istintivamente, lavorano per mantenere la pace in famiglia. È naturale: desiderano vedere i genitori sereni, desiderano l'armonia anche se fragile. Quando si rendono conto che quella pace è impossibile, quando vedono che la serenità non tornerà, allora desiderano qualcosa di ancora più prezioso: vogliono che tutti, mamma e papà compresi, stiano finalmente bene.

Più avanti affronteremo anche il tema doloroso di quando un genitore si comporta male con i figli e di come l'altro debba intervenire per proteggerli. Parleremo anche di cosa fare quando un genitore, purtroppo, usa i figli come arma contro l'altro. Intanto c'è una verità che voglio scolpire in queste pagine: i figli sanno molto di più di quanto immaginiamo. Anche i più piccoli.

La cosa più importante che possiamo fare è seguire il nostro cuore, ascoltare la nostra anima, percorrere con coraggio il sentiero del nostro benessere. Insegnare ai figli a volersi bene comincia da un gesto concreto: l'esempio. Se rimaniamo in una relazione tossica, stiamo insegnando loro senza volerlo che è meglio restare in un legame dannoso piuttosto che scegliere il benessere e la libertà. Questo è forse l'insegnamento più pericoloso di tutti. Noi siamo la loro guida. La prima lezione che dobbiamo offrirgli è proprio questa: mai sacrificare la propria serenità in nome di un'apparenza di unione. È solo scegliendo il nostro benessere che insegneremo loro a scegliere il loro benessere.

Coinvolgono i figli

Quando si vive dentro una relazione tossica e accade che un genitore tossico estenda la sua tossicità anche direttamente verso un figlio, ci si trova di fronte a una delle situazioni più complesse e dolorose. Il partner tossico, infatti, tende a triangolare gli altri e il figlio diventa uno strumento per colpire l'altro genitore. Lo usa come un'arma. Lo può fare in mille modi: a volte in maniera brutale, con parole e gesti che feriscono apertamente il bambino; altre volte in modo più subdolo, facendo apparentemente del bene al figlio. È un bene falso, costruito, finto, solo finalizzato a manipolarlo.

Queste due dinamiche − l'attacco diretto e il finto beneficio − sono fondamentali da comprendere per una ragione molto semplice ma profondissima. Spesso, quando vediamo nostro figlio coinvolto, ci sentiamo in colpa all'idea di spezzare il legame tra lui e l'altro genitore. È un istinto naturale: non vogliamo mai essere noi a privare nostro figlio di una relazione genitoriale, perché nel profondo temiamo di farlo soffrire. Dobbiamo, però, comprendere una cosa essenziale: quando la situazione è talmente tossica da intaccare il benessere del bambino o del ragazzo — e questo vale anche quando il figlio è ormai adulto, perché un genitore tossico resta tale anche quando il figlio ha quarant'anni — è nostro dovere intervenire.

Intervenire, però, non significa parlare male dell'altro genitore, accusarlo apertamente o cadere nella trappola del rancore. Non significa dire a tuo figlio: "tuo padre è tossico" o "tua madre è manipolatrice".

Significa, piuttosto, stimolare in quel bambino o ragazzo la capacità di pensare con la propria testa, di non farsi manipolare, di riconoscere da solo le situazioni in cui qualcuno tenta di usarlo per scopi estranei al suo benessere.

È un atto di amore insegnargli la libertà interiore, la capacità di decidere liberamente, di non sentirsi obbligato, di non sentirsi in colpa per le scelte di altri.

I figli coinvolti da genitori tossici sono come bersagli di un bombardamento silenzioso. Ogni giorno ricevono messaggi manipolatori, più o meno espliciti. Per questo è inutile e anche controproducente alimentare il fuoco con altre accuse o creare una contrapposizione aperta. È altrettanto vero che non possiamo rimanere in silenzio se il genitore tossico usa il figlio contro di noi. In questi casi abbiamo il pieno diritto, anzi la responsabilità di offrire la nostra visione dei fatti.

Non si tratta di avvelenare il bambino contro l'altro genitore ma di proteggerlo. Si tratta di dargli strumenti, di offrirgli un punto di vista che lo aiuti a orientarsi, a capire che esistono altre possibilità, che può scegliere di non essere strumento di nessuno. Quando l'altro genitore parla male di te davanti a tuo figlio, hai il diritto di spiegare con calma e senza odio la tua versione della realtà. Hai il diritto di raccontare il tuo sentire, di mostrare che esiste una lettura differente dei fatti.

Non farlo significherebbe abbandonare il campo. Significherebbe lasciare tuo figlio in balia di un'unica narrazione, quella manipolativa. Sono il primo a dire che idealmente i figli non dovrebbero mai essere coinvolti nei conflitti tra i genitori ma in una relazione tossica non siamo noi a scegliere: è il partner tossico a coinvolgerli, a trascinarli dentro la battaglia. Allora, in quel caso, è necessario e doveroso prendere posizione. Non per schierare i figli da una parte o dall'altra ma per restituire loro la libertà di sapere entrambi i punti di vista.

In fondo, il nostro ruolo di genitori è questo: non creare soldati ma formare uomini e donne liberi.

Reazione e consapevolezza

Affrontare una relazione tossica è inevitabilmente un percorso costellato di momenti di grande scoraggiamento. È normale, è fisiologico. Ci saranno giorni in cui ti sembrerà di non farcela, in cui la manipolazione sarà così sottile e penetrante che sentirai il bisogno di reagire d'impulso. Non c'è nulla di sbagliato nel provare rabbia o sconforto. Anzi, è proprio umano. Questi momenti però richiedono da parte tua una grande consapevolezza: è fondamentale saper riconoscere quando stai agendo in modo reattivo e quando invece sei radicato nella tua centratura e nel tuo equilibrio.

Ti accorgerai presto che non sei sempre la stessa persona. Ci saranno giorni in cui la tua serenità sarà più solida e giorni in cui vacillerà. Ci saranno momenti di lucidità e momenti di confusione. Accettare questa altalena emotiva è già un passo verso la liberazione perché significa osservare te stesso con onestà. Quando ti rendi conto di essere travolto dalla rabbia o dalla frustrazione, fermati. Anche solo un momento di respiro può salvarti dal cadere nella trappola più subdola: riversare la tua tossicità, quella che hai inevitabilmente assorbito vivendo accanto a una persona tossica, sui tuoi figli. Perché, vedi, la questione è proprio questa. Se i tuoi figli già subiscono la tossicità dell'altro genitore, tu hai il dovere non solo morale ma anche d'amore di impedire che diventino anche il bersaglio delle tue ferite. Non è questione di colpevolizzarsi perché sarebbe ingiusto. È una questione di responsabilità, di impegno profondo verso la loro crescita e verso la tua stessa dignità di genitore. Riconoscere i tuoi momenti di crisi, accettarli e gestirli con consapevolezza ti permette di proteggere i tuoi figli da ulteriori sofferenze.

Ti consiglio, quando senti di essere nella fase più acuta della rabbia o dello sconforto, di rimandare i confronti diretti soprattutto con i tuoi figli. Se possibile, scegli di parlare con loro nei momenti in cui la tempesta si è quietata. In quei momenti di maggiore equilibrio riuscirai a trasmettere messaggi più chiari, più utili e, soprattutto, meno carichi di dolore.

Sappi che questa è una battaglia psicologica ed emotiva prima ancora che legale. Il partner tossico ha un obiettivo preciso: vuole farti reagire, vuole far uscire la parte peggiore di te, quella che poi potrà usare contro di te davanti ai figli, davanti agli avvocati, davanti al mondo. Tu diventi invincibile nel momento in cui, pur riconoscendo la tua parte peggiore, scegli consapevolmente di far emergere quella migliore.

La rabbia, il dolore, la disperazione sono energie potentissime. Non bisogna reprimerle ma incanalarle. Usale come combustibile per rafforzare la tua lucidità, la tua strategia, la tua centratura. Trasforma la parte peggiore in strumento per far emergere la tua parte più nobile, quella parte che resterà come esempio vivo per i tuoi figli. Ricordalo sempre, più che con le parole si insegna con l'esempio.

Se ti mette i figli contro

Quando un genitore comincia a lavorare nell'ombra, insinuandosi nella mente del figlio con l'intento di allontanarlo dall'altro genitore, ci si trova davanti a una delle sfide più complesse e dolorose da affrontare. È un fenomeno che purtroppo, nella mia esperienza, si verifica spesso e che in modo particolare colpisce molti padri. Le statistiche in questo senso parlano chiaro. Al di là dei numeri, ciò che conta è comprendere la profondità della ferita che questo tipo di dinamica crea non solo nei rapporti familiari ma anche nell'anima di chi la subisce. Quando accade, si entra in un terreno minato, dove si intrecciano aspetti giuridici e ancor di più, aspetti strategici, emotivi e mentali. La verità è che la giustizia, spesso, in ambito di diritto di famiglia, è drammaticamente lenta e spesso in ritardo rispetto ai tempi delle vicende umane. Le decisioni arrivano quando le ferite sono già profonde e in certi casi irreversibili. Esiste ancora oggi un pregiudizio latente ma potente a favore delle madri, una sorta di riflesso condizionato del sistema che fatica a vedere con chiarezza certe dinamiche invisibili. La difficoltà più grande, in queste situazioni, sta proprio nel fatto che ciò che accade tra un genitore manipolatore e il figlio raramente lascia tracce concrete, prove tangibili. L'opera di convincimento, di condizionamento sottile, si insinua nella mente del figlio giorno dopo giorno insinuando dubbi, paure, costruendo una narrazione velenosa. È un lavoro lento ma metodico, silenzioso ma devastante. La legge, che si fonda sulle prove, fatica a intercettare queste dinamiche perché esse si manifestano nei non detti, nei silenzi, nelle allusioni e nei comportamenti ambigui. Parlo con la franchezza e l'onestà di chi ha visto queste situazioni ripetersi più volte con la stessa inquietante regolarità. Quando una madre maligna, lontana dall'agire nell'interesse superiore del figlio, decide di porre un muro tra il padre e il figlio stesso, ciò che si apre per il padre è un vero e proprio calvario. Non si tratta di un'esagerazione ma della cruda realtà. La strada per ristabilire il legame con il proprio figlio richiede un impegno enorme, una dedizione totale, una strategia chiara e soprattutto una resistenza emotiva fuori dal comune. Affrontare questa situazione significa prepararsi a una battaglia non solo legale ma soprattutto interiore. È una sfida che tocca la pazienza, la lucidità, la capacità di non cedere all'istinto di reagire impulsivamente. Bisogna diventare roccia e fiume allo stesso tempo: solidi nella propria determinazione ma capaci di adattarsi al corso degli eventi mantenendo sempre ferma la rotta. Il tuo compito in questa battaglia sarà proteggere il legame con tuo figlio con ogni mezzo legale e umano possibile senza mai permettere che la manipolazione dell'altro genitore definisca il vostro rapporto. È un percorso difficile, a volte estenuante, anche una delle più alte forme d'amore: lottare per difendere il diritto di tuo figlio ad avere due genitori senza interferenze, senza veleni, senza catene. Se ti trovi in una relazione tossica devi sapere che il rischio di essere allontanato dai tuoi figli è non solo reale anche purtroppo molto probabile. Non basta sperare che non accada, devi mentalmente mettere in conto questa possibilità. Considerala come una concreta eventualità così da poterti preparare. Se oggi hai un rapporto discreto con tuo figlio, poniamo un valore indicativo di sette su dieci, ma vivi in una relazione tossica in cui è possibile che si attui un comportamento alienante, devi lavorare affinché quel rapporto salga a dieci su dieci. Devi essere super presente, devi dedicarti completamente al legame con tuo figlio. Qualcuno potrà obiettare: "Ma io lavoro, ho tante responsabilità." Io rispondo che capisco perfettamente ma devi comprendere che una relazione tossica è per sua natura assorbente, travolgente e se, all'interno di questa relazione, si inserisce anche il dramma dell'alienazione genitoriale, quella deve diventare la tua assoluta priorità. Non puoi pensare di affrontare un problema di questa gravità con un approccio ordinario, con la convinzione che si risolverà da solo o che potrai rimandare. È un problema straordinario e va affrontato con strumenti e impegno straordinari. Spesso le persone miti, quelle più buone, hanno la tendenza istintiva a minimizzare e rinviare pensando che magari le cose miglioreranno con il tempo. In questi casi il tempo non gioca a favore: il tempo è il migliore alleato del genitore manipolatore. Accade fin troppo spesso che ci si rivolga all'autorità giudiziaria soltanto quando è ormai troppo tardi. Esiste uno strumento prezioso ed è l'articolo 473 bis 6 del codice di procedura civile che prevede proprio l'intervento nei casi in cui un figlio si rifiuti di vedere un genitore. Questa procedura va avviata tempestivamente. Non aspettare. Prima si agisce meglio è. Quando i figli sono ancora piccoli è più semplice proteggerli e abituarli a mantenere il rapporto con entrambi i genitori. Crescendo, se il genitore tossico lavora sistematicamente sulla manipolazione, il condizionamento diventa talmente profondo da risultare quasi irreversibile. Ci sono madri – e anche padri, per onestà statistica parliamo soprattutto di madri – che arrivano a porre veri e propri ricatti ai figli: "Se vedi tuo padre, io ti tolgo questo, ti tolgo il mio affetto, ti disconosco, non sono più tua madre." È spaventoso ma è la realtà. È difficile anche solo immaginare fin dove possa arrivare la cattiveria di un genitore tossico anche te lo assicuro: la capacità distruttiva di certe persone supera ogni previsione. È essenziale non solo conoscere questi meccanismi ma anche prepararsi interiormente e concretamente per proteggere se stessi e soprattutto per proteggere i figli da questa forma subdola e devastante di violenza psicologica. Quando vivi una situazione del genere, che sia ancora solo potenziale o già pienamente in atto, devi assolutamente prepararti in tempo. Non aspettare che gli eventi precipitino. Devi raccogliere ogni elemento utile: prove, testimonianze, messaggi scritti, registrazioni audio e video, ogni fatto anche il più piccolo che possa dimostrare i comportamenti del genitore manipolatore. Molto spesso è proprio grazie a questi elementi che si può arrivare a una consulenza tecnica in sede giudiziaria capace di mettere in luce le dinamiche psicologiche che muovono il figlio o la figlia nel loro allontanamento, nella loro chiusura verso il genitore sano. Si tratta di una battaglia difficile, estenuante ma necessaria. Qualcuno potrebbe pensare di affidarsi al tempo, nella speranza che la verità venga prima o poi a galla. È vero, il tempo è maestro per tutti e spesso restituisce equilibrio. Tuttavia la verità, se arriva troppo tardi, rischia di essere una verità annacquata, svuotata del suo significato più profondo. Perché dovremmo sacrificare anni preziosi, irripetibili, da vivere insieme ai nostri figli? Perché dovremmo arrenderci al fatto che un altro genitore, mosso da cattiveria, desiderio di controllo e spirito di vendetta, distrugga il nostro ruolo di genitore erodendo giorno dopo giorno il legame più sacro che esista? Essere genitori è una vocazione che richiede sacrifici immensi e, in presenza di una dinamica tanto tossica, si trasforma in una vera e propria sfida. È una sfida per chi ci crede davvero, per chi non si arrende, per chi sceglie di farsi affiancare da professionisti che abbracciano pienamente la causa, che lottano al vostro fianco a ogni livello legale ed emotivo. Serve una squadra compatta, consapevole delle difficoltà del sistema perché la verità è che purtroppo i tribunali spesso faticano a riconoscere le realtà più sottili, più oscure, quelle che non si vedono immediatamente e che non sono scritte nero su bianco. La manipolazione e l'abuso psicologico si muovono nell'ombra. Non sempre sono visibili a occhio nudo e nemmeno all'occhio frettoloso e distratto di chi è chiamato a giudicare. Proprio per questo, la vostra determinazione e la qualità delle persone che scegliete per accompagnarvi in questo cammino faranno la differenza. Ogni prova raccolta, ogni testimonianza custodita, ogni dettaglio osservato con attenzione diventeranno le pietre su cui costruire la vostra difesa e soprattutto la possibilità di tutelare il rapporto con i vostri figli prima che il tempo e la manipolazione facciano il loro corso. Quando un genitore inizia l'opera subdola e velenosa di allontanare un figlio dall'altro genitore, siamo di fronte a una delle sfide più dure e laceranti che si possano vivere. È una sofferenza che scava nel cuore perché tocca proprio il senso più profondo dell'essere madre o padre: il legame indissolubile con il proprio figlio. È anche una battaglia che, se vogliamo affrontarla con lucidità, richiede grande consapevolezza e visione strategica. È come se si dovesse combattere un nemico invisibile che si muove nell'ombra, parlando alle orecchie e al cuore del bambino, modificando la percezione della realtà e avvelenando le radici di quell'amore naturale che dovrebbe unire genitore e figlio. La prima consapevolezza da avere è che questa lotta si gioca su due piani contemporaneamente. C'è il piano esterno, che riguarda i provvedimenti giudiziari, le prove da raccogliere, le testimonianze da portare, il lavoro degli avvocati e dei consulenti tecnici. È un piano essenziale, inevitabile perché la giustizia pur nei suoi limiti resta l'arena dentro cui dobbiamo portare i fatti. Non dobbiamo illuderci che la giustizia faccia miracoli ma dobbiamo crederci abbastanza da alimentare costantemente il fuoco della speranza e della tenacia. Il lavoro legale serve a costruire un argine, a mettere un confine tra la manipolazione e la verità anche se quel confine a volte sembra fragile. Ancora più importante è il piano interno, invisibile agli occhi di molti ma potentissimo. È qui che si gioca la vera partita. Mentre l'altro genitore lavora nell'ombra per portare il figlio lontano da te, tu hai il compito più alto e più nobile: restare, resistere, mantenere accesa la luce del vostro legame. Devi rimanere presente anche quando tutto ti spingerebbe a mollare, anche quando tuo figlio sembra allontanarsi con parole che non riconosci e che non gli appartengono fino in fondo. Non chiuderti mai, non ritirarti mai nel silenzio anche quando tutto sembra dirti che è inutile. Non è mai inutile seminare amore, rispetto e pazienza. Il figlio alienato vive un conflitto lacerante anche se non lo dice. In apparenza può sembrare convinto delle sue accuse, delle sue distanze anche dentro di sé rimane sempre una scintilla di verità che aspetta solo di essere alimentata. Questa scintilla è la tua occasione. Non puoi forzarla, non puoi imporla ma puoi coltivarla con la tua coerenza, con la tua presenza discreta anche ferma, con la tua capacità di essere un punto di riferimento anche quando tutto sembra crollare. Devi anche fare pace con l'idea che ci saranno momenti in cui ti sentirai impotente e va bene così. È umano, è naturale ma non devi lasciare che questi momenti ti facciano deviare dal tuo cammino. Anche se ti sembra di non vedere risultati, anche se le parole di tuo figlio ti trafiggono come lame, tu continua a custodire dentro di te la convinzione profonda che l'amore resiste e che la verità prima o poi riemerge sempre. Il tempo gioca un ruolo ambiguo in questa storia. Da un lato è nemico perché ogni giorno che passa senza il contatto con tuo figlio sembra scavare un solco più profondo. Dall'altro lato il tempo è anche un alleato silenzioso perché la manipolazione si basa sulla costruzione di una narrazione falsa e con il tempo la realtà spesso si svela da sola, mostra le crepe di quella menzogna. Le contraddizioni del genitore tossico prima o poi emergono, i suoi veri intenti si rivelano e tuo figlio potrà cominciare a vedere le cose con i suoi occhi. Per questo è essenziale che tu non venga mai meno a te stesso. Anche se ti accuseranno, anche se proveranno a farti cadere nella trappola della reazione, della rabbia, dell'aggressività, tu rimani saldo. Ogni tua parola, ogni tua azione, ogni tuo silenzio deve parlare di te, della tua integrità, della tua forza silenziosa ma immensa. Quando verrà il momento del risveglio, tuo figlio dovrà poter riconoscere in te un rifugio sicuro, un porto tranquillo in cui approdare dopo la tempesta. Ricorda, la tua costanza sarà la tua arma più potente. Anche se oggi ti sembra di combattere contro un muro di silenzio e di accuse, non devi mai perdere la fede nel legame profondo che vi unisce. Nessuna manipolazione, per quanto abile, può cancellare completamente l'amore autentico di un genitore. Può oscurarlo, può annebbiare la vista ma non può mai spegnerlo del tutto. Quando verrà il giorno in cui tuo figlio ti guarderà negli occhi con sincerità, forse ancora con timore, forse ancora con il peso del dubbio, tu dovrai essere pronto ad accoglierlo con la stessa dolcezza con cui lo hai accolto la prima volta che l'hai stretto tra le braccia.

Senza rancore, senza accuse, senza rivendicazioni. Solo con amore puro. In quella accoglienza, in quella scelta di amore incondizionato, avrai vinto la battaglia più importante della tua vita.

Non fare mai questo errore

Quando ti mette i figli contro, non arrabbiarti mai con tuo figlio o con tua figlia, mai. Anche quando ti sembrerà impossibile farne a meno, anche quando faranno gesti che ti trafiggeranno il cuore come non chiamarti nel giorno del tuo compleanno o come ignorarti quando tendi la mano, sforzati di vedere oltre il dolore del momento. Ricorda sempre che loro prima di tutto sono vittime. Non sono responsabili delle cattiverie che subisci, non sono complici consapevoli: sono vittime della manipolazione sottile, quotidiana, ripetuta del genitore tossico che ha intessuto la sua tela intorno a loro. Non commettere mai l'errore di riversare su di loro la tua rabbia perché così facendo faresti soltanto il gioco di chi li ha manipolati. Il tuo compito non è giudicarli ma proteggerli anche da quella parte di loro che in questo momento non riesce a vederti per quello che sei davvero. Come genitore, la tua missione è perdonare. Perdonare oggi, domani e ancora.

Perdonare non significa giustificare ciò che subisci ma significa mantenere il tuo cuore pulito, aperto, integro, pronto ad accogliere il loro ritorno. Significa continuare a mandare amore, a dare amore, a lottare per loro, per la verità del vostro legame. Questo è ciò che un genitore fa anche nelle tempeste più violente. Lo so bene, è una battaglia difficile. Soprattutto quando i figli sono adolescenti, o particolarmente vulnerabili, o quando il genitore tossico è esperto nell'arte della manipolazione e non si pone limiti nell'uso dei figli come armi di ricatto affettivo. È una guerra logorante anche quando hai la ragione dalla tua parte, anche quando i fatti sono evidenti. I tribunali nella loro lentezza e rigidità troppo spesso si arrendono di fronte a una constatazione apparentemente semplice: non si può costringere un figlio adolescente a frequentare un genitore se dice di non volerlo. Quello che non vedono, però, è che quel rifiuto non è spontaneo, è il prodotto di un avvelenamento dell'anima, lento e continuo. Ti invito perciò a cambiare prospettiva: smetti di vederti come il genitore che subisce e inizia a vederti come il genitore che resiste, che lotta con dignità per l'amore, per la giustizia e per la verità. Non ti prometto risultati immediati perché questa è una battaglia lunga, dolorosa, a tratti estenuante. Ti prometto che la tua lotta avrà sempre un senso. Anche se le risposte non arriveranno oggi, anche se il tempo sembra giocare contro di te, anche se la strada è in salita, ogni passo che compi nella verità prepara il terreno per il futuro.

Adesso lasciami aprire con te una finestra sul lungo termine, su ciò che potrebbe accadere. È possibile e accade più spesso di quanto si creda che un figlio, diventato adulto, cominci finalmente a rielaborare la verità. Crescendo potrà mettere insieme i pezzi di quel puzzle confuso. Potrà osservare con uno sguardo più maturo i comportamenti del genitore tossico e rivedere i gesti, le parole, le omissioni che lo hanno portato ad allontanarsi da te. Si accorgerà di come è stato usato come uno strumento, di come le sue emozioni sono state manipolate per servire uno scopo che non era il suo.

Quel giorno arriverà. Non so dirti quando perché ogni anima ha i suoi tempi di risveglio ma arriverà. Quando arriverà, se tu avrai mantenuto il tuo cuore pulito, se avrai saputo resistere alla tentazione di scivolare nell'odio o nel rancore, se avrai lasciato sempre aperta la porta del tuo amore, quel figlio avrà un luogo in cui tornare. Avrà una verità pulita da scoprire, un amore intatto da ritrovare. Tu potrai guardarlo negli occhi e dirgli con la forza di chi ha saputo attraversare il deserto: "Io non ho mai smesso di amarti". Questo è il senso più profondo della tua battaglia. Forse non potrai evitare tutte le ferite, forse il tempo vi porterà lontani per un po' anche se tu resterai fedele a questa missione d'amore, la vita prima o poi restituirà il raccolto di ciò che oggi stai seminando.

Parte VI: LA PRIMA UDIENZA

Come affrontare la prima udienza

Affrontare la prima udienza in una separazione, specialmente quando si ha a che fare con un partner tossico, è una tappa fondamentale del percorso. È un momento che non deve mai essere vissuto con superficialità. Fin dall'inizio, seguire la vicenda in ogni suo dettaglio è essenziale. Ogni passaggio, ogni piccolo accadimento, ogni dinamica che si è creata tra le parti contribuisce a comporre un quadro più ampio e articolato che un buon avvocato deve conoscere fino in fondo. Sono sempre piuttosto scettico, devo ammetterlo, quando mi viene chiesto di subentrare a un collega a metà del percorso. È difficile perché la conoscenza profonda della storia, dall'origine fino alla fase in cui ci si trova, non è soltanto una questione di atti e di carte: è una questione di rapporto umano, di sintonizzazione con la persona che si ha davanti, di percezione di ogni sfumatura. Conoscere tutto il percorso consente di capire chiaramente le mosse dell'altra parte, intuire dove vuole arrivare e quali margini di azione si possono prevedere. È un aspetto strategico ma anche profondamente umano: se hai camminato fianco a fianco con il tuo cliente, conosci la verità dei suoi sentimenti, non solo la logica dei suoi atti. Personalmente non sono incline a scrivere troppo nelle cause di separazione. Esistono avvocati che prediligono la prolissità, forse per soddisfare il proprio ego o per assecondare l'ansia del cliente di vedere tutto messo nero su bianco come se la lunghezza di un atto fosse sinonimo di efficacia. La verità è che i giudici cercano la sostanza, non l'eccesso di parole. Prediligono la chiarezza, l'essenzialità, vogliono arrivare al nocciolo del problema senza essere distratti da inutili orpelli. Scrivere poco ma preciso è sempre la strategia migliore. La stessa logica vale per la preparazione all'udienza. Occorre partire da se stessi: chi sei, cosa vuoi raggiungere, che obiettivo hai. Non è solo questione di contenuto ma anche di forma. Il modo in cui si racconta la propria storia è determinante. Parlare meno è meglio che parlare troppo. Parlare lentamente è meglio che farsi travolgere dall'impeto della velocità. Attaccare l'altro è controproducente, è molto più efficace limitarsi a raccontare il proprio punto di vista con sincerità e compostezza. Il tribunale, soprattutto quando ci sono figli coinvolti, ha un unico prevalente interesse: quello dei minori. Tutto si muove attorno a questo cardine. È quindi importante trovare il tono giusto, il registro più efficace. Non amo particolarmente i toni lamentosi, non aiutano, rischiano - anzi - di offuscare il messaggio che vogliamo trasmettere. Riconosco anche che alcune persone per loro natura faticano a uscire da una narrazione impregnata di sofferenza e di lamento. In quei casi non ha senso forzare troppo la mano: è meglio restare naturali, autentici, piuttosto che cercare una maschera di compostezza che risulterebbe falsa. L'udienza è come una sorta di esame. È il momento in cui il giudice ha l'opportunità di vedere con i suoi occhi se quello che è stato scritto nelle memorie corrisponde a ciò che siete realmente, a ciò che pensate e sentite. È un'occasione preziosa perché a differenza degli scambi scritti fra avvocati, il giudice ascolta direttamente le persone coinvolte, senza filtri, senza interpretazioni di terzi. Lì spesso emerge la verità. Per questo motivo ho sempre grande fiducia nella fase di ascolto delle parti: è il momento in cui il volto umano della vicenda può finalmente emergere con chiarezza.

Se non hai nulla da temere dalla verità, la preparazione all'udienza sarà naturale, persino semplice.

Se invece ti trovi nella posizione di chi ha dovuto mentire o distorcere i fatti, sarà una prova faticosa perché dovrai sempre ricordare ogni parola detta in precedenza, ogni dettaglio, e vivere nel timore di una contraddizione. Se resti radicato nella verità, se mantieni la lucidità e l'autenticità, l'udienza diventerà non un ostacolo anche un passo concreto verso la tua liberazione.

Ascolta più di quanto vorresti parlare

Uno degli errori più comuni anche al tempo stesso più sottovalutati è pensare all'udienza come al momento in cui bisogna parlare, parlare, parlare. Come se tutto dipendesse dalla quantità di cose dette, come se si dovesse riempire ogni spazio di parole per dimostrare qualcosa o convincere il giudice. Il segreto, per me, non sta tanto nel parlare quanto nell'ascoltare. Ascoltare davvero. Ascoltare in profondità. Prima di tutto, ascoltare con attenzione ciò che chiede il giudice. Spesso si cade nella trappola di voler anticipare o interpretare le domande finendo invece per allontanarsi dal punto focale. La regola aurea è rispondere esattamente alla domanda posta senza divagazioni e senza aggiungere elementi che nessuno ha chiesto. Poi è fondamentale ascoltare ciò che dice la controparte, le sue accuse, le sue ricostruzioni dei fatti così come le argomentazioni dell'avvocato avversario. Ascoltare con attenzione queste parole ti permette di comprendere la linea narrativa che stanno cercando di costruire contro di te. Non meno importante è ascoltare con cura il tuo avvocato. Allinearsi a ciò che lui o lei dice è cruciale. L'avvocato, se scelto con consapevolezza e fiducia, conosce la strategia migliore per affrontare quel momento e tu devi essere un tutt'uno con quella strategia. Devi risparmiare le energie, non disperderle in una fiumana di parole ma incanalarle in poche risposte mirate, sintonizzate esattamente con il flusso dell'udienza. Parlare troppo o peggio parlare fuori contesto è una delle insidie più grandi. Può succedere soprattutto se sei particolarmente emotivo, se l'ansia ti sovrasta o se la tensione ti spinge a voler a tutti i costi spiegare ogni dettaglio della tua verità. È, però, un rischio enorme. Dire cose scollegate rispetto al punto sollevato in udienza rischia di farti apparire non autentico, come se stessi recitando una parte o ripetendo a memoria un copione insegnato.

I giudici conoscono perfettamente queste dinamiche: sanno che le parti arrivano in aula preparate dai loro legali, sanno riconoscere quando qualcuno parla con il cuore e quando invece si aggrappa a discorsi prefabbricati. I magistrati in quella sede osservano molto più di quanto si immagini. Osservano la coerenza fra le dichiarazioni scritte e le parole dette in aula, ma anche la tua postura, il tono della tua voce, la tua reazione spontanea alle domande inattese. Possono cogliere in quelle sfumature gli elementi utili per orientare un provvedimento temporaneo. È importante comprendere che i provvedimenti, pur nel rispetto dei limiti stabiliti dal codice, lasciano un margine di discrezionalità al magistrato. Dentro questo margine trova spazio anche l'impressione che lascerai al giudice: quanto sarai apparso sincero, quanto lucido, quanto attento nel rispondere alle domande in modo pertinente. È un equilibrio sottile tra la verità che devi portare e il modo in cui la porti.

Ricorda sempre questo: una parola di troppo può pesare quanto un silenzio al momento sbagliato. Il giudice non cerca chi parla di più ma chi sa dire con chiarezza quello che conta e soprattutto chi sa ascoltare con attenzione. Solo ascoltando veramente riuscirai a cogliere la direzione che sta prendendo l'udienza, a sintonizzarti con la verità che vuoi trasmettere e a fare in modo che le tue parole lascino il segno nel modo più efficace.

I narcisisti in udienza

L'udienza di separazione, quando si ha a che fare con un partner tossico, narcisista o comunque manipolativo, è un'esperienza che sfugge a ogni previsione ordinaria. Per quanto tu possa esserti preparato, per quanto tu abbia studiato la tua controparte nei minimi dettagli, ti troverai comunque spiazzato di fronte alla loro capacità di mentire con spudoratezza e disinvoltura. Diranno qualunque cosa. Letteralmente qualunque cosa. Tu potresti non credere ai tuoi occhi e alle tue orecchie.

Ti prego, ricorda queste parole: non ti sorprendere. Non ti lasciare turbare. Non serve.

Lo stupore, la frustrazione, l'indignazione sono tutte energie sprecate, inutili. Non faranno altro che indebolirti, farti uscire dal tuo centro e proprio questo è ciò che il partner tossico spera.

Arriva a quell'appuntamento come un guerriero calmo, come un ninja della vita, preparato, concentrato. Mettiti nella condizione di chi ha già visto tutto, già previsto tutto. Sappi che ogni assurdità che potrai sentire era già nelle possibilità. Così facendo resterai saldo. Ciò che conta in udienza non è la tua emozione ma la tua lucidità. Soprattutto, non sprecare il tuo tempo e le tue energie tentando di demolire la persona che hai di fronte sul piano personale. Non serve a nulla dipingerlo come un mostro, non è quello il punto. I giudici non si soffermano sulle valutazioni di carattere generico. Vogliono vedere il nesso tra i comportamenti e i figli. È lì che si gioca la partita. È sul campo della responsabilità genitoriale che si decide tutto. Concentrati sui comportamenti concreti, sugli effetti reali delle azioni del partner sui vostri figli. Mostra come certe scelte, certi atteggiamenti, certe omissioni o eccessi di controllo abbiano inciso negativamente sulla serenità e sullo sviluppo dei bambini. Non trasformare l'udienza in un'arena personale. Resta focalizzato su quello che davvero conta per il tribunale: il benessere dei figli, la capacità genitoriale, la stabilità emotiva dell'ambiente familiare. Lascia stare le provocazioni, lascia stare le bugie che potrai udire. Non impantanarti in sterili battaglie di verità apparente. Rispondi soltanto a ciò che ti viene chiesto. Resta chiaro, logico, lineare. Non divagare. Non cercare di affondare l'altro ma punta a far emergere la realtà dei fatti con pacatezza e coerenza. Sappi anche che ogni giudice ha il suo stile. Alcuni sono scrupolosi, cavillosi, pignoli, scendono nei dettagli con attenzione quasi chirurgica. Altri invece sono più rapidi, più orientati a risolvere il carico di lavoro che nel diritto di famiglia è pesante come in pochi altri ambiti del diritto. Devi essere consapevole anche di questo: ogni parola superflua è un peso inutile non solo per te ma anche per chi ti ascolta. Vai dritto al punto, rispetta il tempo del tribunale come rispetteresti il tuo. Mostrati ordinato, centrato, essenziale. Quando farai questo accadrà una cosa importante. Non solo ti sentirai più forte ma trasmetterai forza. Il giudice anche inconsciamente percepirà questa tua solidità. In un'aula di giustizia la solidità, la chiarezza e la coerenza pesano più di mille parole. Preparati dunque non solo sui fatti ma anche sul modo di stare. Sii la roccia tranquilla in mezzo alla tempesta. Mentre l'altro o l'altra si affanneranno a gonfiare bugie, a esagerare accuse, a mettere in scena il loro teatrino, tu rimarrai saldo nel tuo ruolo di genitore responsabile. Non per difendere solo te stesso ma per proteggere il futuro dei tuoi figli.

Ordine di priorità

Una delle cose più importanti che vale non solo per affrontare un'udienza ma anche per la vita intera è avere sempre chiaro un ordine di priorità. Serve per la giustizia, per la verità ma anche per la tua soddisfazione personale. Immagina questo: se avessi solo un minuto, proprio uno, cosa diresti? Qual è l'essenza di tutto quello che hai da comunicare? Allenati a pensarla così anche adesso mentre leggi. Questo esercizio di sintesi ti aiuterà non solo a essere più efficace ma anche a chiarirti dentro, a mettere ordine nei pensieri e nelle emozioni.

Non confondere mai la sintesi con la superficialità. Sintetizzare significa avere le idee così chiare da sapere esattamente cosa è essenziale trasmettere a prescindere dal tempo che ti viene concesso. Nella realtà del processo di separazione questa abilità si rivela preziosissima. Il giudice infatti è il *dominus* dell'udienza: guida, ascolta, valuta. Non sei lì per rispondere agli avvocati della controparte, nemmeno per cadere nelle loro provocazioni o nei loro tranelli retorici. Sei lì per parlare al giudice, rispondendo se ti viene fatta una domanda che il giudice stesso ritiene rilevante.

Ricorda che i giudici della famiglia, nonostante i limiti del sistema e la mole di lavoro che li opprime, cercano di capire la verità. Hanno bisogno di farsi un'idea chiara per arrivare a emettere quel primo provvedimento temporaneo che in un contesto di separazione tossica può segnare un vero e proprio sollievo. Non sarà la risoluzione definitiva, certo. Sarà un inizio. Un punto fermo finalmente. In quel provvedimento si stabiliranno aspetti cruciali: la collocazione dei figli, l'assegnazione della casa familiare, il mantenimento, le modalità di visita, la suddivisione delle spese straordinarie. Ogni dettaglio, ogni decisione in questa fase serve a delimitare il campo di gioco, a creare quei confini che fino a quel momento sono mancati.

La relazione tossica è tossica proprio per questo: perché manca di confini. È un terreno molle, instabile, senza un inizio chiaro e soprattutto senza una fine visibile. Tutto inizia a cambiare proprio con la comparsa di questi confini. Il provvedimento del tribunale rappresenta una svolta concreta. È l'inizio della disintossicazione. Non risolverà tutto, non subito almeno. Getterà le basi per un nuovo equilibrio, per una nuova struttura di protezione.

Naturalmente, come sai, i confini giuridici non bastano da soli. Sono fondamentali sì, ma devono essere accompagnati da un lavoro interiore profondo. Se il tribunale stabilisce le regole del gioco, sei tu a dover stabilire i confini dentro di te, nei tuoi pensieri, nelle tue emozioni, nelle tue scelte quotidiane. Questo lo vedremo più avanti insieme perché è un percorso altrettanto importante, forse anche di più. Intanto sappi che ogni passo fatto verso questi confini, esterni e interni, ti avvicina sempre di più alla tua liberazione.

Giudici e non robot

Le udienze, bisogna saperlo con chiarezza, possono cambiare radicalmente da caso a caso. Non esistono due udienze perfettamente uguali nemmeno davanti allo stesso giudice. Lo stesso magistrato infatti può avere approcci differenti da un giorno all'altro. Non è casuale: c'è un fattore umano che non dobbiamo mai sottovalutare. C'è la stanchezza, ci sono le tensioni personali, lo stress accumulato dal carico di lavoro. Immagina che chi giudica in materia di diritto di famiglia è immerso ogni giorno in un mare di dolore, conflitti, accuse, richieste disperate, tossicità allo stato puro. È un lavoro che logora e consuma perché mette continuamente in contatto con l'aspetto più doloroso delle relazioni umane.

Molti magistrati nel tempo vanno in burnout. Non potrebbe essere diversamente. Sentire ogni giorno le stesse storie, vedere ripetersi gli stessi schemi di sofferenza, vivere immersi nella tensione emotiva che si sprigiona dalle aule dei tribunali non può lasciare indifferenti. Chi sceglie di dedicare la propria vita a questo ruolo inevitabilmente sviluppa una certa profondità d'animo. Forse non subito, forse non nei primi anni di carriera, prima o poi la trasformazione avviene.

Ho visto magistrati iniziare con un approccio rigido, freddo, quasi distaccato e, poi, con il passare degli anni aprirsi a una sensibilità più sottile, diventare più umani. L'umanità, anche quando si cerca di tenerla fuori dalle porte dell'aula, bussa insistentemente. Alla fine entra. Questa umanità fa la differenza. Un giovane giudice appena approdato nel diritto di famiglia può avere tutte le competenze giuridiche del mondo ma, forse, gli manca ancora quella profonda esperienza di vita che solo gli anni possono donare. Dopo dieci, quindici, vent'anni di udienze, di scelte difficili, di notti insonni ripensando alle decisioni prese, il loro sguardo cambia. Con esso cambia il modo di giudicare.

La verità è che vedere così tanto dolore ti cambia. Ti fa capire che è inutile cedere all'ego, è inutile mettersi su un piedistallo di presunzione. Il dolore non guarda in faccia nessuno e chi è chiamato a decidere sulla vita degli altri non può dimenticarlo. L'ho visto con i miei occhi. Ho visto magistrati trasformarsi, umanizzarsi, diventare più consapevoli proprio grazie a questa esperienza continua del dolore umano.

Un giudice sì, è un essere umano. Un giudice della famiglia è qualcosa di ancora più complesso: è un essere umano chiamato a reggere sulle proprie spalle il peso dei conflitti più laceranti. Non è una divinità, non è un'entità superiore. È carne, ossa, sangue e passioni proprio come noi. Questo significa che ogni udienza, ogni parola, ogni gesto possono essere influenzati dalla sua umanità.

Ricordo ancora un magistrato che un giorno, quasi confidandosi, mi raccontò di una decisione particolarmente dolorosa che era stato costretto a prendere. Una decisione che purtroppo aveva portato la parte soccombente a un gesto estremo di autolesionismo. Non entrerò nei dettagli per rispetto di quella vicenda ma quella confidenza mi fece comprendere in maniera indelebile quanto sia pesante il fardello di chi giudica. Prendere decisioni è difficile. Prendere decisioni in materia di famiglia è una delle prove più dure.

Non voglio qui fare una difesa d'ufficio dei giudici con i quali anzi mi capita spesso di essere critico. È importante, però, che tu entri nell'aula di udienza con questa consapevolezza: non aspettarti una divinità infallibile. Davanti a te avrai una persona, una persona vera, con la propria storia, la propria fatica, la propria umanità. Comprendere questo ti aiuterà a vivere l'udienza in modo più lucido, più centrato. Non per indulgere in giustificazioni ma per sapere che l'esito della tua causa dipenderà anche da questa variabile umana e non solo dai freddi codici di procedura.

PARTE VI: DOPO LA PRIMA UDIENZA

Un po' di respiro o tregua apparente?

Superata la fase dell'attesa del provvedimento che comunque va vissuta con pazienza e con una certa fiducia bisogna sapere che i problemi con un partner tossico non si esauriscono con l'uscita della decisione del tribunale. Anzi, paradossalmente, proprio quel provvedimento può innescare una nuova fiammata nel conflitto. Non illudiamoci che la decisione di un giudice basti a chiudere la partita soprattutto se dall'altra parte c'è una persona che non accetta la realtà, che non accetta i limiti e che non accetta in fondo di non avere più il pieno controllo della situazione.

Spesso anzi è proprio quando arriva il provvedimento che la persona tossica che fino a quel momento aveva cercato di dominare con manipolazioni e prepotenze decide di alzare ulteriormente il tiro. Non lo accetta, lo vive come un affronto personale, come una sconfitta insopportabile. Allora diventa ancora più aggressiva, ancora più astuta nei tentativi di destabilizzarvi. Magari presenterà un reclamo, cercherà di ribaltare la decisione, userà ogni mezzo a sua disposizione per non farvi respirare. Fa parte del copione. È amaro dirlo ma è importante saperlo per non restare delusi o spaventati.

Voglio però dirvi anche un'altra cosa, lo faccio con estrema sincerità: questo tempo, questo tempo della fatica, non è eterno.

Non sarà infinito anche se a volte vi sembrerà che non finisca mai. Arriva il momento in cui tutto questo si esaurisce, arriva il momento in cui anche chi vive di conflitto deve rallentare perché la vita stessa lo impone.

Vi dico anche che quasi mai, almeno nella mia esperienza, la fine coincide con un provvedimento definitivo del tribunale.

Non aspettatevi che sia il giudice a risolvere tutto. Piuttosto vedete il provvedimento come un punto di partenza, come l'occasione concreta per iniziare a mettere quei confini che prima non c'erano.

La persona tossica ha preso spazio nella vostra vita proprio perché mancavano quei limiti. Non c'erano confini netti, non c'erano paletti chiari e in quell'assenza di confini è riuscita a insinuarsi sempre di più. Il provvedimento del giudice è come la prima pietra di un nuovo recinto: magari sarà contestata, magari tenteranno di scavalcarla ma resta una pietra, qualcosa di solido. Anche se l'altro genitore farà reclamo o si opporrà con rabbia crescente, il fatto stesso che esista un provvedimento vi permette di cominciare a costruire una struttura dentro la quale proteggervi.

Certo, non sarà la fine del cammino. Se il provvedimento è sfavorevole a quella persona la loro reazione potrebbe diventare ancora più feroce, come un animale in trappola che tenta il tutto per tutto per fuggire o per ferire. Questo non deve spaventarvi. Deve piuttosto rendervi vigili. Non abbassate la guardia. Non cadete nella trappola di pensare che sia finita troppo presto. Ricordatevi sempre che le persone tossiche non si arrendono facilmente, non perché siano forti ma perché sono dominate da una missione interiore: destabilizzarvi, togliervi la pace, riportarvi nel vortice dal quale stavate cercando di uscire.

È il loro scopo principale, la loro ragione di esistenza in quel momento. Voi sapendo questo potete prepararvi e se siete preparati sarete molto più forti di loro.

Ostacoli quotidiani

Al di là degli strumenti giuridici che il partner tossico può utilizzare contro il provvedimento sfavorevole — come i reclami o altri mezzi di impugnazione — devi sapere che la battaglia non si esaurisce lì. Perché oltre ai mezzi formali resteranno purtroppo i comportamenti quotidiani, quelli che avvelenano la vita nelle pieghe delle giornate normali. Anche se lascia la casa, anche se ormai c'è un provvedimento che segna i confini, questa persona continuerà a essere puntigliosa, petulante, disturbante. Non perderà occasione per rendere difficile ogni forma di condivisione, ogni scelta, ogni decisione a maggior ragione se ci sono dei figli di mezzo ma anche se non ci sono.

Vedi, è importante comprendere fino in fondo la logica di chi è tossico: destabilizzare è la loro missione. La tua serenità, la tua lucidità, il tuo equilibrio sono per loro una minaccia. Hanno bisogno di scuoterti, di farti perdere la pazienza, di provocare una tua reazione perché le tue reazioni sono il loro nutrimento. Si nutrono delle tue emozioni forti, dei tuoi turbamenti, delle tue imprecazioni. Vivono letteralmente del tuo disordine interiore.

Ecco perché è essenziale anche riflettere su come gestire la comunicazione con queste persone. C'è un errore molto diffuso, quasi una trappola culturale, secondo cui "per il bene dei figli" si dovrebbe sempre mantenere aperto un canale di comunicazione diretto. Fermiamoci un attimo. Prima di tutto bisogna chiarire una cosa: nessuna legge impone di subire una comunicazione molesta salvo che non ci siano provvedimenti specifici in tal senso. Dobbiamo, inoltre, distinguere tra un canale aperto e un canale invadente. Se, infatti, è vero che serve un punto di contatto, è altrettanto vero che questo non deve diventare una porta spalancata alla molestia continua. Prendiamo ad esempio la messaggistica istantanea, come whatsapp. È un mezzo rapidissimo, immediato, gratuito e proprio per questo diventa facilmente un'arma in mano al manipolatore. Ogni notifica è un amo gettato nella tua tranquillità. Ogni messaggio è un tentativo di aggancio anche quando apparentemente sembra neutro. Allora, senza esitazioni, ti dico: è tuo diritto, anzi è tuo dovere, stabilire dei confini.

Preferisci strumenti più lenti, più riflessivi, come l'email. L'email ha un ritmo diverso: ti obbliga a respirare prima di rispondere, ti permette di non essere travolto dall'onda emotiva del momento. Se proprio non riesci a rinunciare ai messaggi, almeno togli le spunte blu di lettura o impegnati a non rispondere subito. Rompi quel flusso dilagante di comunicazioni continue perché ogni tuo impulso di rispondere è un altro tassello che il partner tossico userà contro di te.

Devi sapere questo: la persona tossica non cambia. Non migliora con il tempo, non si addolcisce con i provvedimenti del giudice, non si placa con le nuove condizioni. Spesso peggiora. Nel peggiorare cerca di trascinarti nel suo stesso abisso, vuole portarti nel fango in cui si trova. È un tuo diritto, ed è anche la tua responsabilità più grande verso te stesso e verso i tuoi figli, costruire e proteggere i tuoi confini. Anche — e direi soprattutto — nella comunicazione digitale.

Ricorda: i confini non sono solo giuridici, sono anche tecnologici, emotivi, energetici. Più sei abile nel tracciarli, più resterai libero. Più sarai libero, meno la loro tossicità potrà raggiungerti.

Come comunicare con un partner tossico

Affrontare la comunicazione con un narcisista che provoca, allude, offende è come muoversi in un campo minato. Ogni parola che lui o lei pronuncia ha un solo scopo: farti saltare in aria. Non cercano davvero un confronto. Non vogliono chiarimenti. Non puntano alla verità.

Puntano a destabilizzarti, a portarti nel loro campo da gioco dove sanno di avere un vantaggio perché conoscono i tuoi punti deboli, le tue emozioni più profonde, i luoghi della tua anima che più facilmente sanguinano.

In questi momenti la tentazione è forte: vorresti rispondere, controbattere, fargli vedere che hai capito il loro gioco, metterli alle strette con la logica. Non serve. Il narcisista si nutre esattamente di questo, del tuo coinvolgimento emotivo, della tua energia.

Ogni tua reazione, anche la più civile, anche la più composta è per loro carburante.

Non cercano il tuo silenzio o la tua esplosione, cercano la tua partecipazione emotiva in qualunque forma si presenti.

La vera chiave è sottrarti. Non tanto nel senso fisico ma sul piano interno. Devi diventare impermeabile. Devi farti scivolare addosso la loro provocazione come acqua su una superficie cerata. Non si tratta di ignorarli con rabbia perché anche quella è energia. Si tratta di guardarli per quello che sono: attori su un palcoscenico che recitano sempre lo stesso copione stanco, ripetitivo, vuoto.

Se resti centrato su di te, se riconosci che non c'è nulla di personale anche se le loro parole sono taglienti come lame, scoprirai una cosa quasi sorprendente: perderanno potere su di te. Smetteranno di agganciarti. Forse continueranno ad agitarsi, a cercare di offenderti, ad alludere alle tue paure o alle tue debolezze ma tu non risponderai più. Non perché sei più debole ma perché sei più forte.

Perché hai compreso fino in fondo che l'unico modo per vincere questo gioco è non giocarci più.

Non regalargli il piacere della tua reazione. Tieniti sul tuo binario come se la loro voce fosse un rumore di fondo. Se proprio devi rispondere fallo come se fossi un avvocato che tratta una questione che non lo riguarda emotivamente: con chiarezza, senza tremore, senza fretta. Sii te stesso nella tua versione migliore, quella che non ha bisogno di dimostrare nulla perché già sa chi è.

Solo allora la provocazione smetterà di avere effetto. Tu, così, potrai procedere oltre più forte di prima.

Ad esempio, il narcisista può dirti: «Sei sempre la solita, incapace di tenere in piedi una famiglia».

Qui l'istinto è di rispondere, di difenderti, di dimostrare che non è vero, di elencare tutto quello che hai fatto per la famiglia.

Non farlo. Respira, senti dentro di te il veleno di quella frase che vuole solo farti male e lasciala andare.

Se proprio devi rispondere, puoi usare un tono neutro e dire semplicemente: «Questa è la tua opinione». Non aggiungere altro. Così chiudi la porta e gli togli la soddisfazione di vederti sanguinare.

Oppure potrebbe dirti: «Adesso farò in modo che i bambini non vogliano più stare con te».

Qui la tentazione è il panico, l'ansia, la paura di perdere i figli. Non devi cedere alla paura perché è proprio questo che vuole. La tua risposta interiore deve essere ferma: «Non risponderò con la paura, non gli darò questa vittoria». Se serve rispondere, usa la calma più glaciale che hai: «Saranno le autorità competenti a valutare. Non ho altro da aggiungere». Poi basta. Non continuare la discussione.

Un altro caso frequente: «Tu mi hai rovinato la vita, vedrai cosa ti succederà».

Questa è una classica minaccia velata, dove cercano di metterti addosso un senso di colpa e di paura per il futuro. Anche qui non devi reagire emotivamente anche se dentro di te senti la rabbia e la paura salire. Pensa mentalmente: "Questa non è una minaccia vera, è solo un tentativo di controllo. Se serve rispondere puoi dire: «Non accolgo le minacce. Se hai qualcosa da dire, fallo per le vie ufficiali». È come alzare uno scudo senza bisogno di attaccare.

Un altro esempio è molto sottile: «Vedi? Con me non avresti avuto questi problemi».

Questa è una frase-trappola, apparentemente innocua ma serve a insinuare il dubbio, a farti credere che stai sbagliando. Dentro di te rispondi: «No, i problemi li ho proprio perché sono con te o mi sto liberando da te». Se decidi di rispondere, rispondi come se stessi parlando di una cosa che non ti riguarda ad esempio con «Non condivido questa visione» poi cambia discorso, chiudi la porta.

Vedi, la chiave è sempre la stessa: Non scendere mai al loro livello, non cercare di convincerli, non cercare di difenderti.

Resta sul piano della neutralità emotiva.

La verità è che non cercano il dialogo, cercano la tua reazione emotiva. Quando capisci questo smetti di essere la loro fonte di nutrimento. Quando non si nutrono più di te iniziano a perdere forza.

Tu resti saldo, loro si logorano.

Conversazioni tossiche

La svalutazione mascherata da consiglio

Lui o lei ti dice:

«Non sai nemmeno gestire le cose più semplici, figurati se riesci a cavartela da sola dopo questa separazione».

Questa è una tipica mossa per buttarti giù l'autostima e seminare la paura dell'indipendenza.

La trappola è rispondere spiegando, giustificando o, peggio ancora, dimostrando che invece sei capace.

Ma tu non devi dimostrare nulla.

La risposta migliore è il silenzio o, se vuoi rispondere, un semplice: «Mi dispiace, non condivido la tua opinione».

E stop. Zero argomentazioni. Nessuna benzina sul fuoco.

Non pensare a chissà quale risposta ad effetto.

La provocazione passivo-aggressiva

Il partner tossico dice con tono sarcastico: «Spero solo che i bambini non diventino come te».

Brucia. È una frecciata diretta al cuore ma serve solo a provocarti.

Dentro, potresti sentire la tentazione di gridare che i figli ti amano, che sei un buon genitore ma non cadere nel tranello.

Rispondi freddamente:

«Spero che diventino persone libere di scegliere chi essere».

Così non ti abbassi al loro livello e mandi anche un messaggio di forza.

La falsa preoccupazione

Ti dice: «Sei sicura di poterti permettere questa causa? Lo sai quanto costa, vero? Non vorrei vederti in rovina...».

Apparentemente sembra premura ma è solo un modo subdolo per farti dubitare, per alimentare le tue paure.

Risposta serena, ma ferma: «So gestire le mie scelte».

Così resti sul tuo terreno, non entri nella loro trappola mentale.

La minaccia velata

Ti dice: «Vedrai che la legge non è dalla tua parte. Conosco persone importanti...».

La minaccia è chiara ma non è reale nella maggior parte dei casi: è terrorismo psicologico.

Respira. Non mostrare paura. Rispondi se serve, senza sfida: «Mi fido della giustizia».

Niente di più. Poi chiudi la conversazione.

Il vittimismo accusatorio

Ti dice: «Dopo tutto quello che ho fatto per te, questo è il ringraziamento...».

È il classico tentativo di farti sentire in colpa, come se tu fossi l'ingrato.

Risposta calma: «Ognuno è responsabile delle proprie scelte».

Punto. Non serve entrare nella discussione. Non devi restituire il carico emotivo che ti stanno gettando addosso. Vedi, il principio è sempre lo stesso: niente giustificazioni. Iniziare una discussione è la cosa da evitare assolutamente.

Nessun confronto sullo stesso piano emotivo.

Nessuna reazione di panico o rabbia.

Così, anche dentro di te, si rafforza la convinzione che tu non sei lì per convincere il narcisista ma per liberarti da lui o da lei.

Tu non devi spiegare, tu non devi ottenere il suo riconoscimento: tu devi disinnescare la bomba.

Quanto tempo ci vorrà?

Una delle domande più frequenti, e anche più umane, che ti porrai durante questo cammino è: quanto tempo ci vorrà per uscire da questa storia?

La verità è che non lo sai. Nessuno lo sa con precisione. Nemmeno io posso dirtelo e chiunque ti prometta una scadenza certa sta mentendo. Una cosa però la so con certezza, te la dico dal profondo del cuore: c'è un tempo in cui questa storia finirà.

Finirà davvero. Lo so, ora ti sembra impossibile, sembra che non finirà mai, sembra un tunnel senza uscita. La fine esiste. Esiste un momento in cui ti renderai conto che tutto questo sarà alle spalle. Come te ne accorgerai? Non sarà per forza un trionfo con le fanfare o un gesto clamoroso. Lo capirai in un modo più sottile ma molto più profondo: quando ciò che prima ti devastava, quello che prima ti toglieva il respiro e ti faceva sprofondare negli abissi del malessere, non riuscirà più a scalfirti. Diventerà neutro. Indifferente.

Il partner tossico potrà ancora tentare i suoi giochi, ma non avrà più presa.

Saranno come sassi lanciati in un lago calmo: faranno un piccolo cerchio d'acqua ma poi l'acqua tornerà immobile. È in quel momento che saprai di essere libero.

Libero dentro, non solo fuori.

Amico mio, amica mia, te lo voglio dire con tutto l'amore possibile, con tutta la forza di chi ha visto questa strada percorsa da tanti e l'ha percorsa lui stesso: adesso stai vivendo l'inferno, lo so.

Adesso ogni giorno sembra pesante, ogni piccolo gesto dell'altro ti appare come una ferita aperta.

Ti assicuro che se segui il tuo percorso, passo dopo passo, se metti i tuoi confini, se inizi a disintossicarti giorno dopo giorno, ogni giornata sarà un piccolo gradino verso la tua liberazione.

Anche quando ti sembrerà di non fare progressi, anche quando avrai la sensazione di essere fermo, in realtà starai avanzando.

È come riempire un bicchiere d'acqua sporca con acqua pulita. All'inizio, quando versi l'acqua pulita, quella sporca sale in superficie e sembra addirittura peggiorare. Se continui a versare acqua pulita, lentamente tutto si schiarisce. Così sarà anche per te. Quando inizi a respirare l'aria pulita della libertà può emergere la nostalgia, la tentazione di ripensarci o improvvisi dubbi. È importante, però, riconoscere l'inganno.

Attenzione agli agnellini travestiti da lupi.

Attenzione a quando il partner tossico improvvisamente sembra cambiato, sembra più buono, sembra remissivo. È solo un trucco, un'illusione per riagganciarti.

Continua ad andare avanti, non guardarti indietro. Ogni passo che fai nel tuo percorso è un passo che ti avvicina a quel momento in cui tutto ciò che oggi ti fa tremare non avrà più potere su di te. Non posso dirti quando sarà quel giorno, so che arriverà.

Arriverà davvero.

Te ne accorgerai da solo, senza che nessuno debba dirtelo. Lo capirai quando non sarà più lui o lei a dettare il ritmo delle tue emozioni. Quando anche le manipolazioni rivolte ai tuoi figli non riusciranno più a destabilizzarti perché avrai imparato a neutralizzarle, ad aiutare i tuoi figli a riconoscere la verità, a spezzare le catene.

La liberazione, vedrai, si legge negli occhi.

Chi ti sta vicino, chi ha percorso questa strada prima di te, saprà riconoscerla. La vedrà nel tuo sguardo, nella tua postura, nel tuo respiro.

Sarà la conferma più grande che tutto il dolore, tutto il percorso, tutto il coraggio che hai dovuto trovare dentro di te non saranno stati inutili.

Fanno letteralmente ridere

C'è un altro segnale, profondo e sottile, che ti farà capire che le cose stanno finalmente andando nella direzione giusta. È il momento in cui quello che prima sembrava drammatico, cruento, cattivo, gratuitamente manipolativo, quasi letale nella sua crudeltà, ti appare per quello che è realmente: uno schema ripetitivo, stanco e, addirittura, ridicolo.

Arriva un punto in cui non solo riesci a neutralizzare gli attacchi e le manipolazioni ma inizi anche a guardarli da lontano, quasi con un sorriso amaro, come si guarda una vecchia trappola ormai inefficace.

Non dimenticherò mai la storia di una mia cliente, donna forte e coraggiosa, che aveva sopportato angherie di ogni tipo dal marito. Quest'uomo era arrivato perfino a denunciarla ingiustamente, aveva mosso contro di lei accuse infondate, aveva tentato in tutti i modi di distruggerla sul piano morale e legale.

Tutte le sue macchinazioni erano crollate una dopo l'altra come castelli di carta.

La cosa incredibile, quasi grottesca, è che nonostante tutto questo ogni anno, puntualmente per la festa della donna, lui continuava a presentarsi con un mazzetto di mimose come se nulla fosse accaduto. Lei me lo raccontava con un misto di incredulità e divertimento, definendolo una "barzelletta vivente".

Ed è esattamente così: queste persone si aggrappano alle loro finzioni con tale ostinazione da renderle agli occhi di chi ha ormai compreso e superato il loro gioco qualcosa di talmente assurdo da sfiorare il comico.

Il vero punto non è più subire le loro azioni. La vera svolta è quando riesci ad anticiparle.

Scoprirai che non è difficile.

Quando inizi a vedere gli schemi, i copioni sempre uguali e capisci che sono terribilmente prevedibili. Ci sono gradi diversi di tossicità e ci saranno variazioni nei comportamenti ma, alla fine, le dinamiche si assomigliano tutte. Più cresci, più impari a riconoscerle e meno potere hanno su di te.

Questo è un passaggio cruciale: comprendere che la vita ti ha messo davanti questa sfida non per schiacciarti ma per insegnarti. Ti ha messo di fronte a una lezione che non puoi più rimandare al mittente. È arrivata, è tua, è il tuo compito attraversarla e superarla. Finché non farai tue tutte le lezioni che questa esperienza ti vuole insegnare, finché dentro di te non ci sarà una trasformazione profonda continueranno a metterti alla prova. Continueranno a tirarti dentro i loro giochi malati.

Quando metti la tua liberazione al primo posto, quando lavori ogni giorno sulle tue emozioni, sui tuoi pensieri, sui tuoi condizionamenti interiori, quando inizi a crescere e ad evolverti al punto da non reagire più come prima, allora sì: la loro recita si svela in tutta la sua inconsistenza.

E tu, finalmente, sarai libero.

La fretta rallenta la liberazione

C'è un ostacolo insidioso, subdolo, che devi riconoscere ogni volta che si affaccia. È la fretta. Lo so, lo comprendo a fondo. Comprendo la tua sofferenza, comprendo il peso che ti porti addosso, comprendo quel desiderio ardente di liberarti, di voltare pagina, di chiudere una volta per tutte questo capitolo doloroso della tua vita. È umano, è naturale. Proprio per questo è importante fermarsi un momento a riflettere.

Prima di tutto, una premessa fondamentale: tu devi sempre proteggere te stesso e i tuoi figli in ogni modo possibile, in ogni momento, senza tregua. Non è che capendo il meccanismo del partner tossico tu possa permetterti di abbassare la guardia. Al contrario, la consapevolezza deve camminare insieme alla protezione concreta. Mai dare per vinta nessuna battaglia, mai cedere, mai mostrare segnali di cedimento. Ogni crepa nella tua difesa, ogni piccolo segnale di debolezza verrà immediatamente utilizzato contro di te. È così che funzionano queste persone: trasformano ogni spiraglio nella tua armatura in un varco per rientrare, per colpirti di nuovo.

Tuttavia, proprio in questo cammino di difesa, devi stare attento a non cadere nella trappola della fretta.

La fretta ti gioca contro. Ti spinge a voler saltare delle tappe, ad accelerare un percorso che invece ha bisogno dei suoi tempi. È comprensibile voler uscire al più presto dal tunnel. È comprensibile il desiderio di una vita serena, di una pace vera.

Devi sapere che non si può forzare la mano al tempo, non si possono bruciare le tappe se prima non si è trasformato ciò che va trasformato dentro di sé. La tua liberazione autentica, quella vera, profonda, definitiva, non dipende solo da ciò che avviene fuori ma dipende, soprattutto, da quello che avviene dentro di te.

Ridimensionare il problema, cercare di ignorarlo, sperare che la fine arrivi prima del tempo, esaltarsi troppo per una vittoria momentanea: tutte queste sono trappole. Mantenere un profilo basso è invece la chiave. Il lavoro è concluso solo quando davvero è finito e te ne accorgerai perché dentro di te ci sarà una pace nuova, un senso di leggerezza che non avevi mai provato prima. Ti sarà chiaro quando ogni tentativo di provocazione non avrà più presa, quando le manipolazioni diventeranno per te polvere al vento.

Non affrettare i tempi. Ogni passaggio di questo percorso è un ostacolo che ti fa crescere, ogni sfida è una lezione che affina la tua lucidità, la tua consapevolezza, la tua forza. Questo è un cammino di liberazione da esseri che, senza mezzi termini, volevano la tua distruzione. A volte ci riescono quando non conosciamo a fondo i loro meccanismi. Tu ora li stai conoscendo, li stai riconoscendo, li stai disinnescando.

Accetta questa condizione di impegno continuo e costante come un guerriero che non molla mai la presa sulla propria spada. Giorno dopo giorno, passo dopo passo, costruirai il tuo riscatto. Ti assicuro con tutto il cuore e con tutta la mia esperienza che la luce fuori dal tunnel esiste. Apparirà davanti a te e sarà bellissimo.

Lo spioncino della porta

C'è un altro suggerimento che considero imprescindibile, te lo dico con la massima chiarezza: devi evitare in ogni modo di continuare a guardare la sua vita dallo spioncino. È una tentazione forte, lo so. È una delle insidie più comuni quando ci si allontana da una relazione tossica. È, però, anche uno dei più pericolosi trabocchetti.

Blocca ogni forma di contatto, ogni possibile finestra che ti faccia sbirciare nella sua vita. Non ti serve. Anzi, ti avvelena. Non devi più guardare le sue storie sui social, non devi chiedere o farti raccontare da altri cosa fa, chi frequenta, dove va, con chi si accompagna, se ha trovato un'altra persona o un altro partner.

Lo so, è doloroso, è quasi una ferita fisica. È come strappare qualcosa a cui ci si è aggrappati per troppo tempo. Questa ferita però è sacrosanta. Questo dolore è il prezzo che devi pagare per ritornare a te stesso. Ogni volta che soccombi alla tentazione di osservare la sua vita, di conoscere notizie che non ti servono, è come se ti legassi di nuovo alla catena da cui stai cercando di liberarti. Lo fai inconsapevolmente forse ma rallenti o, peggio, blocchi il tuo processo di guarigione.

Devi tagliare ogni forma di collegamento. Se ci sono figli di mezzo, è inevitabile mantenere un contatto strettamente limitato a ciò che riguarda loro ma deve essere un contatto neutro, asciutto, funzionale solo al bene dei figli, senza mai scivolare nella curiosità o nella tentazione di conoscere altro. Non c'è nulla di utile, nulla di costruttivo nell'osservare la vita di chi ti ha ferito se non continuare a infliggerti nuove ferite.

Ricorda: queste persone sanno perfettamente che tu potresti cadere in questa trappola. Giocano con i messaggi subliminali, con le provocazioni silenziose, con i segnali ambigui. Sanno che anche un piccolo indizio, una foto postata, un dettaglio lasciato apposta in bella vista può riaccendere in te il dubbio, il dolore, la rabbia o la nostalgia. Lo fanno proprio per questo.

Tu non sei in competizione con loro. Non stai gareggiando per dimostrare qualcosa a queste persone. Loro non sono tuoi concorrenti. Sono stati un ostacolo al tuo benessere e alla tua realizzazione.

Più riesci a tagliare ogni filo invisibile che ancora vi lega, più alleggerisci il tuo spirito e apri la porta alla vera liberazione.

All'inizio ti sembrerà difficile, quasi impossibile. Ti sentirai nudo, privato di quel contatto, di quel piccolo veleno quotidiano a cui in fondo ti eri abituato. Giorno dopo giorno, se mantieni questa disciplina, ti assicuro che diventerà sempre più naturale. Scoprirai che vivere senza sapere nulla di loro è infinitamente più sano, più leggero. Scoprirai che ti sei tolto un peso immenso dalle spalle.

Proprio in quel momento, quando la loro vita non sarà più il centro dei tuoi pensieri, capirai di aver fatto un passo decisivo verso la tua vera libertà.

Il paradiso (in terra) all'improvviso

La liberazione è un processo graduale. Non è mai solo giuridica né soltanto mentale o emotiva. È tutte queste cose insieme ed è anche profondamente spirituale. È un cammino che prima o poi devi decidere di intraprendere fino in fondo. Puoi tentare di rallentarlo, puoi illuderti di poterlo ignorare ma la vita ti porterà sempre lì: a vivere questa esperienza, a passarci attraverso con tutto te stesso. Non c'è scampo ed è un bene che sia così perché questa è la vera lezione della tua vita.

Succede però che, mentre lo percorri, a volte con fatica, con dolore, a volte cadendo e rialzandoti, arrivi a un punto preciso in cui tutto cambia. Un momento che non puoi prevedere nel dettaglio ma che arriva. È come una nascita. Te lo racconto perché l'ho vissuto sulla mia pelle.

Il giorno in cui mi sono liberato è stato uno dei giorni più belli della mia vita, paragonabile solo alla gioia immensa di quando mi sono sposato o alla meraviglia indescrivibile che ho provato alla nascita dei miei figli.

È un senso di rinascita totale, una rivelazione a tutti i livelli del tuo essere. La mente si apre, il cuore si alleggerisce, lo spirito si risveglia. È una liberazione profonda che coinvolge ogni parte di te. È qualcosa che accade in modo improvviso anche se in realtà il processo è durato mesi o anni, anche se ti sei preparato a lungo. Quando arriva, arriva di colpo. È come svegliarsi da un incubo e rendersi conto che è solo un brutto sogno ormai lontano.

Sai una cosa? Ho parlato con centinaia e centinaia di persone di ogni estrazione sociale, di ogni livello culturale, uomini e donne, persone ricche e povere, dal nord al sud, in Italia, in America, in India. Sai qual è la cosa sorprendente? Tutti, proprio tutti, mi hanno raccontato la stessa sensazione: arriva un punto in cui si è liberi. Non c'è più nulla che possa scalfirti da parte loro. Non c'è più nulla che ti faccia del male.

All'improvviso potrai persino avere un contatto con quella persona tossica — se necessario per motivi concreti, come per esempio i figli — e non sentire nulla. Sarai impermeabile alle sue provocazioni, alle sue manipolazioni. Naturalmente questo non significa permettere agli altri di oltrepassare i tuoi confini. Anche quando non provi più dolore, i confini restano fondamentali. Se non ci sono figli di mezzo potrai dimenticarli completamente, cancellarli dalla tua vita senza alcuna fatica. Se invece ci sono figli, saprai mantenere quel minimo di contatto necessario senza che ti scalfisca minimamente.

Ti assicuro, sarà come toccare il paradiso. Letteralmente. È importante che tu sappia che non sei solo in questo viaggio. Ci sono centinaia e centinaia di persone là fuori che stanno aspettando che anche tu ti liberi perché ogni liberazione personale è un tassello della liberazione collettiva. Ogni volta che una persona si libera da una relazione tossica fa respirare un po' di più il mondo intero. Questo è il senso più profondo del tuo percorso.

Liberati. Fallo per te stesso. Fallo per chi ti è vicino. Fallo per il mondo perché la tua liberazione è un dono che si irradia ben oltre la tua vita.

Conclusione

Arrivati a questo punto, voglio lasciarti con un pensiero che possa accompagnarti ogni giorno, anche nei momenti in cui la fatica sembra prendere il sopravvento. Ricorda sempre che non stai solo affrontando un nemico esterno: stai attraversando una trasformazione interiore profonda. Non si tratta solo di chiudere la porta a una relazione tossica, si tratta di aprire finalmente le finestre su una vita nuova, una vita piena di respiro, di spazio, di luce.

Ogni volta che ti sembrerà di non farcela, pensa a questo: ogni passo, anche quello più piccolo, anche quello più incerto, è comunque un passo verso la tua libertà. Non importa se la salita è ripida o se alcune giornate sembrano più buie di altre. Ricorda che la liberazione non è un evento magico ma un percorso graduale, fatto di decisioni consapevoli, di gesti di coraggio quotidiani, di momenti di silenzio in cui scegli di non reagire come vorrebbero loro. E, soprattutto, sappi che la tua forza più grande non è nella rabbia né nella vendetta ma nella tua capacità di essere migliore, ogni giorno, di un millimetro in più. È la tua capacità di rimanere umano di fronte a chi ha scelto la disumanità. Di rimanere integro di fronte a chi ha cercato di spezzarti. La tua luce interiore è il più grande antidoto contro la loro oscurità.

Ci sarà un giorno in cui ti sveglierai e sentirai dentro di te una calma che non provavi da anni. Sarà il segnale che la liberazione è avvenuta, che il peggio è alle spalle e che ora davanti a te si apre finalmente il sentiero verso una vita degna di essere vissuta.

Continua a camminare. Non voltarti indietro. La tua nuova vita ti aspetta.

Un giorno mi dirai "avevi ragione!".

Armando Corsini

Ringraziamenti

A mia moglie Cinzia, perché dopo tante vite passate a rincorrerci finalmente in questa ci siamo incontrati per godere della gioia dell'amore puro.

Ai miei maestri, in primis Anthony, per avermi dato un esempio da emulare.

A chi apprezza i miei contenuti e chi mi aiuta a condividerli.

A te lettore e lettrice per la fiducia che mi ha concesso acquistando il libro.

Agli amici di sempre e chi verrà.

A chi crede profondamente che uscire da una relazione tossica sia possibile e si impegna a realizzarlo.

Percorsi individuali

Se hai letto questo libro o ti è capitato tra le mani molto probabilmente stai vivendo una relazione tossica o stai maturando la decisione di intraprendere una separazione da un partner tossico che ti ha lasciato ferite e confusione, sappi che non ti lascio solo.

Meriti di riappropriarti della tua forza e della tua libertà.

Ho elaborato per te un percorso individuale fatto direttamente con me di quattro incontri on line spalmato su 45 giorni che ti accompagna passo dopo passo verso la liberazione dal dolore, unendo concretezza e trasformazione.

Grazie a un approccio legale, introspettivo ed empatico, lavorerai su più livelli per trasformare il dolore in liberazione direttamente con chi ci è passato e lavora quotidianamente su queste vicende. Ogni incontro ti offre un accompagnamento profondo, personalizzato e trasformativo, aiutandoti a ritrovare fiducia e chiarezza interiore. È una guida concreta e allo stesso tempo un viaggio interiore, pensato per farti riscoprire la luce che credevi perduta. Questo percorso non è solo un insieme di incontri, ma la tua possibilità concreta di rinascita e chiarezza dopo una relazione distruttiva.

Se senti che questo percorso potrebbe fare al caso tuo invia un messaggio al numero whatsapp di segreteria 3383458895 oppure invia una e-mail all'indirizzo info@armandocorsini.it.

Printed in Dunstable, United Kingdom